《楞伽經》中〈遮食肉品〉素食之研究

（全彩版）

附：《楞嚴經》中「斷殺生、戒吃肉」經文之研究
附：《雞蛋葷素說》（修行先從不吃蛋做起）

果濱　編撰

吾有《楞伽經》四卷，亦用付汝，即是如來心地要門，令諸眾生開示悟入。我觀漢地，唯有此經，仁者依行，自得度世。（達摩祖師對慧可開示）

不知《法華》，則不知如來救世之苦心。
不知《楞嚴》，則不知修心迷悟之關鍵。
不知《楞伽》，則不辨知見邪正之是非。
此三經者，居士宜深心究之。

（明·憨山《憨山老人夢遊集·卷十八》）

《心經、金剛、楞伽》三經，實治心法門。

（明洪武十一年，朱元璋皇帝聖諭）

從佛典翻譯「年代」來看「不食肉」經文的祕密深義。

佛陀在《楞伽經》中提出十八個修行人一定要吃素的理由。

（果濱講於高雄光德寺）

https://drive.google.com/drive/folders/1SmDulVnYSsmM1YIv-KZV2nnoHtYIw2xx?usp=sharing

（此爲 google 雲端永久硬盤，大陸佛友需「翻牆」即可）

《雞蛋葷素說》(修行先從不吃蛋做起)

（果濱講於高雄光德寺）

https://drive.google.com/drive/folders/1cAXxTGyw3EOnpGs2HuVC6xaL12Eg3n4w?usp=sharing

序文

　　本書全部字數約有 **10萬3千**多字，書名為 **《楞伽經》中〈遮食肉品〉素食之研究**，乃從筆者的著作 《楞伽經三種譯本比對暨研究》 中，另外「獨立」出來的內容，這就跟從《楞嚴經》中另外獨立出〈五十陰魔〉專書一樣的方式。因為有太多人無法研讀一整部的《楞嚴經》，所以獨立出〈五十陰魔〉或〈四種清淨明誨〉的內容當作「專書」是很重要的事；因為有太多人不認識《楞伽經》，所以筆者就將《楞伽經》中〈遮食肉品〉另外獨立出來成為「專書」來推廣弘揚「素食」。

　　《楞伽經》依劉宋・求那跋陀羅譯的四卷，則稱為 **《楞伽阿跋多羅寶經》**，梵文名稱為 Laṅkā-avatāra-sūtra

楞伽　　阿跋多羅　寶經

入;降

　　以梵文羅馬拼音「原則」，會將兩個 a 併成一個長音的 ā。所以《楞伽經》的梵文即作為 Laṅkāvatāra-sūtra。「楞伽」(laṅkā)兩個漢字，一般都讀成「ㄌㄥˊ ㄑㄧㄝˊ」或「ㄌㄥˊ ㄐㄧㄚ」。其實若據標準的「梵文」發音發式，正確應該讀為「ㄌㄤˊ ㄍㄚ」。但沒有人會讀正確的發音，所以就發成「ㄌㄥˊ ㄑㄧㄝˊ」；這也只能「隨俗」了。

　　《楞伽經》有三個譯本，關於〈**遮食肉品**〉內容，以元魏・菩提流支(bodhiruci)譯十卷本 **《入楞伽經》**(公元 513 年譯畢)的內容是最多的，其次是唐・實叉難陀(śikṣānanda)與復禮等譯七卷本的 **《大乘入楞伽經》**(公元 700 年譯畢)。經文最少的是劉宋・求那跋陀羅(guṇabhadra)譯四卷 **《楞伽阿跋多羅寶經》**(公元 443 年譯畢)。如下圖所示：

劉宋・<u>求那跋陀羅</u>譯 (guṇabhadra)	元魏・<u>菩提流支</u>譯 (bodhiruci)	唐 ・ <u>實 叉 難 陀</u> (śikṣānanda)與<u>復禮</u>等譯
四卷	十卷	七卷

公元 443 年譯畢 距今接近 1600 年了 《楞伽阿跋多羅寶經》	公元 513 年譯畢 距今約有 1500 多年了 《入楞伽經》	公元 700 年譯畢 距今約有 1300 多年了 《大乘入楞伽經》
第四卷	第八卷之〈遮食肉品〉	第六卷之〈斷食肉品〉
有關斷肉的經文總字數		
1137 字	4502 字	2291 字

　　在大小乘經典中，都有「大量」佛陀開示應該要「斷肉素食」的經文，例如：《入楞伽經》、《大佛頂首楞嚴經》、《一切智光明仙人慈心因緣不食肉經》、《佛說師子素馱娑王斷肉經》、《般泥垣經》、《大般涅槃經》、《分別善惡報應經》、《央掘魔羅經》、《賢愚經》、《大乘寶雲經》、《餓鬼報應經》、《聖持世陀羅尼經》、《大乘本生心地觀經》、《大方等無想經》、《佛說處處經》、《佛說佛醫經》、《佛說地藏菩薩陀羅尼經》、《菩薩善戒經》、《文殊師利問經》、《菩薩處胎經》、《蘇婆呼童子請問經》、《佛說灌頂經》、《普賢菩薩說證明經》、《梵網經》、《彌沙塞部和醯五分律》、《根本說一切有部毗奈耶雜事》……等。

　　中國「大乘」佛教嚴格要求僧人要「純素食」，最早是始於南朝梁武帝 蕭衍於天監十年(公元 511 年)撰的「斷酒肉文」開始 (詳於《廣弘明集‧卷二十六》，《大正藏》第五十二冊頁 294 中～298 下)。但在佛經中出現「不食肉、噉肉殺生」的經文則更早是出現在後漢(東漢)的安世高(譯經時代爲公元 148～170 年)；其所翻譯的佛典就已經出現了「不食肉、噉肉殺生」的經文，例如：

安世高譯《佛說處處經》云：

　　佛言：阿羅漢「不食肉」(māṃsa-abhakṣya)者，計畜生，從頭至足，各自有字，無有「肉」名。「辟支佛」計本精，所作不淨，故「不食肉」。

再例安世高譯《佛說鬼問目連經》云：

一鬼問言：我一生已來，多有兒子，皆端正可喜，而皆「早死」。念之斷絕，痛不可言。何罪所致？

且連答言：汝為人時，見兒「殺生」，助喜「噉肉」；「殺生」故「短命」，「喜」故「痛毒」。今受「花報」，果入「地獄」。

還有後漢「失譯人名」的《受十善戒經》卷1〈十施報品2〉中云：

一切愛眼目，愛子亦復爾，愛壽命無極，是故「不殺生」，名為「梵行」最。「不殺、無殺」想，亦不「噉於肉」，見殺者如賊，必知墮地獄。「噉肉」者「多病」，

「斷命」自莊嚴。當行大慈心，奉持不殺戒，必成菩提道。

而在佛經中出現「素食」（haviṣyāhāra）這兩個字的經文，最早應該從梁代才開始。例如：

梁‧曼陀羅仙（mandra。公元 503 年來華獻貢梵經）共僧伽婆羅（460～524。saṃgha-pāla）譯《大乘寶雲經》卷5〈安樂行品5〉中云：

善男子！菩薩摩訶薩住屍陀林，恒興慈悲，憐愍眾生，持戒清淨、具足威儀、恒習「素食」（haviṣyāhāra）、支持活命。

還有「失譯人名，今附梁錄」的《虛空藏菩薩問七佛陀羅尼咒經》中云：

燒沈水、薰陸等香，種種「素食」（haviṣyāhāra），持以獻佛，隨力取辦。

在這麼多有關「不食肉、噉肉殺生、素食」的佛經中，尤以元魏‧菩提流支（bodhiruci，生卒年不詳，公元 508 年至洛陽譯經）譯《入楞伽經》中的〈遮食肉品〉為「最豐富精彩」內容，經文從「爾時聖者大慧菩薩摩訶薩白

佛言：世尊！我觀世間生死流轉」到「斯由不食肉」。去掉「標點符號」不計，全文約有 4502 字。

其次是唐・實叉難陀與復等譯《大乘入楞伽經》，經文從「爾時大慧菩薩摩訶薩復白佛言：世尊！願為我說食不食」到「豐財具智慧」，去標點後。全文約有 2291 字。

再其次是北涼・曇無讖(dharma-rakṣa。385～433)譯《大般涅槃經》的〈如來性品〉有討論到「禁肉食」的經文，經文從「爾時迦葉菩薩白佛言：世尊！食肉之人不應施肉」到「名為能隨問答」。全文有 1039 字。

其餘經論，例如《楞嚴經》……等，都是比《入楞伽經》、《大般涅槃經》這些「內容」還要再「少」的經文而已，都不足「千字」的。所以歷代引用「斷肉素食」的經文，尤以引用《楞伽經》是最多的，但大多的人都是「引用」，就是「複製」&「貼上」而已，沒有「細心」校對「經文」，也沒有詳細註解，所以本書《楞伽經中〈遮食肉品〉素食之研究》就是把裡面的經文，用三種不同譯本作詳細比對與研究，佛在〈遮食肉品〉詳說為何一定要「素食」的原因？筆者把他分類為「共有十八個理由」。

除了《楞伽經》的〈遮食肉品〉內容外，《楞嚴經》的「卷四、卷六、卷八」中有關「斷殺戒肉」經文也都收進去，也把《大般涅槃經》的〈如來性品〉有關「斷殺戒肉」經文做詳細的比對分析。

後面還附有筆者在 1998 年所撰寫的《雞蛋葷素說》(修行先從不吃蛋做起)。當時這本「小冊子」曾經翻印過無數次，估計已超過上萬冊了。這次筆者也重新「編輯」內容，全部「上彩」了。還加附補充文章「『食肉』與『殺生』同罪的的因果探討」、裡面有「『食肉』與『殺生』同罪的經典依據、小乘經典的理論、南朝梁武帝撰『斷酒肉文』、關於吃肉超渡肉的省思」精彩重要的內容。祈望大家在閱讀這些內容後，能對「素食齋戒」

的「道心」永遠不退，而且也要勇敢的「拒絕」與「抵抗」任何「蛋類」的迷思與誘惑。

　　如果你的人生覺得「吃素」很困難的話，建議，給自己一個「時間表」，例如人生從 40 歲開始，或從「半百」的 50 歲開始，就應該發心發願「吃素」到終生老死。理由是：我們從小開始「活命」就都是以「葷腥」為食，我們「葷腥」人生既然都吃了 40~50 年了，所有的「山珍海味」都吃遍了，沒有什麼「葷肉」沒吃過的，人生在「口欲、口腹之欲」上已經「夠滿足、夠圓滿」了。那麼剩下的「人生歲月」是否應該要改成「齋菜素食」呢？當一個人類，總不能一生一世都吃著「葷腥」過一輩子吧？這樣的「人生」有意義嗎？所以應該留給自己的「後半生」進入「全素」的人生吧！短短數語，共勉之。

　　　　　　　公元 2023 年 8 月 29 日　果濱序於土城楞嚴齋

《楞伽經》中
〈遮食肉品〉素食之研究
（全彩版）

附：《楞嚴經》中「斷殺生、戒吃肉」經文之研究
附：《雞蛋葷素說》（修行先從不吃蛋做起）

--果濱 編撰

目 錄

這隻「斑頸鳩」鳥整整「聽課」一整節都沒離開過(果濱講《楞伽經》於高雄光德寺 2021 年 5 月 7 日)
https://drive.google.com/file/d/1YdO_eLU12ausCsOqv2mg6pFhrZ9wENy8/view?usp=sharing

（此爲 google 雲端永久硬盤，大陸佛友需「翻牆」即可）

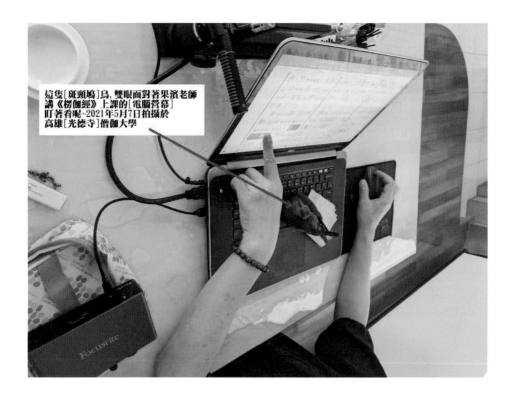

這隻[斑頸鳩]鳥，雙眼面對著果濱老師
講《楞伽經》上課的[電腦螢幕]
盯著看呢~2021年5月7日拍攝於
高雄[光德寺]僧伽大學

這隻[斑頸鳩]鳥,雙眼面對著
果濱老師講《楞伽經》上課的
[電腦螢幕]盯著看呢~
2021年5月7日拍攝於
高雄[光德寺]僧伽大學

這隻「斑頸鳩」鳥因為受傷,由法師暫時「領養」,順便「薰習」佛法,聽聞《楞伽經》

https://drive.google.com/file/d/1n50JpUrNIbomBB5pBX1DmHwZ4JCR2J-E/view?usp=sharing

《楞伽經》四種譯本(果濱講於高雄光德寺)

https://drive.google.com/drive/folders/1_euuWwz5mmm6RHCUE3cYCOoFshavCHxB?usp=sharing

《楞伽經》中說「如來藏」與「阿賴耶識」乃「非一非異」之理，三杯一點通(2022 年果濱講於高雄光德寺)
https://drive.google.com/file/d/1cct6LKiyeK0N7fcdkT_QhAkLkHumJQS1/view?usp=sharing

(此為 google 雲端永久硬盤，大陸佛友需「翻牆」即可)

《楞伽經》斷肉經文解讀(2022 年果濱講於高雄光德寺)
https://drive.google.com/drive/folders/1tIpFiN4ZPips-5JL9X67uHkjuXUfuaA3?usp=sharing

《楞伽經》呪語梵音版(共二段)

https://drive.google.com/drive/folders/1jKndjeD0Mfier0uSXMDNhupg9qF
9GsmO?usp=sharing

一、歷代祖師對《楞伽經》的序文推薦

1 新譯《大乘入楞伽經》序（唐・武則天撰）

　　蓋聞摩羅山(Malaya)頂，既最崇而最嚴，楞伽城(laṅkā-pura)中，實難往而難入。先佛弘宣之地，曩聖修行之所，爰有城主，號羅婆那(rāvaṇa)，乘宮殿以謁尊顏，奏樂音而祈妙法，因曼峰以表興，指藏海以明宗，所言《入楞伽經》者，斯乃諸佛「心量之玄樞」，群經理窟之幽旨，洞明深義，不生不滅，非有非無，絕去來之二途，離斷常之雙執。以「第一義諦」得最上妙珍，體諸法之皆虛，知前境之如幻，混假名之分別，等(平等)「生死」與「涅盤」。

　　大慧之問初陳，法王之旨斯發，「一百八義」應實相而離世間，「三十九門」破邪見而顯正法。曉「名、相」之並假，袪「妄想」之迷衿，依「正智」以會「真如」，悟「緣起」而歸妙理，境風既息，識浪方澄，「三自性」皆空，「二無我」俱泯，入「如來之藏」，遊解脫之門。

　　原此經文，來自西國，至若元嘉建號，跋陀(求那跋陀羅 guṇabhadra)之譯未弘，延昌紀年，流支(菩提流支)之義「多舛」(違背；錯誤)。朕思肘付囑，情切紹隆，以久視元年，歲次庚子，林鐘紀律，炎帝司辰。於是避暑箕峰，觀風穎水，三陽宮內，重出斯經，討三本之要詮，成七卷之了教。

　　三藏沙門于闐國僧實叉難陀(Śikṣānanda)大德，大福先寺僧復禮等，並各追安遠，德契(合)騰(迦葉摩騰)、蘭(竺法蘭)。襲(承襲)龍樹之芳猷(美德)，探馬鳴之祕府(宮廷保藏圖書祕記之所)，戒香與覺花齊馥，意珠共性月同圓，故能了達「沖微」(毫釐微隱)，發揮「奧賾」(精微的義蘊)，以長安四年正月十五日繕寫雲畢。

　　自性匪薄(淺陋)，言謝(慚愧不如)珪璋(高尚的人品)。顧(回顧)四辯(四無礙解)而

多慚，瞻一乘(佛法最上乘)而罔測，難違緇(出家僧侶)俗(在家)之請，強申翰墨之文，詞拙理乖，彌增愧恧ㄋㄩˋ (慚愧)。

伏以此經微妙最為稀有，所翼破重昏之暗，傳燈之句不窮，演流注之功，湧泉之義無盡，題目品次，列於後云。

2 《注大乘入楞伽經》序（宋・寶臣撰）

　　大乘「入楞伽」經題，標說經之所，曰「楞伽」者，此云「難往」也。謂眾寶所成，光映日月，遊空夜叉所居。此城在摩羅山(Malaya)頂，其山高峻，下瞰大海，傍無門戶。得神通者，堪能升往，乃表「心地」法門，「無心、無證」者，方能入也。下瞰「大海」，表其「心海」本自清淨，因「境風」所轉，「識浪」波動。欲明達「境、心」空，「海」亦自寂，「心、境」俱寂，事無不照，猶如大海「無風」，日月森羅，煥然明白。

　　此經直為「上根」，頓說「種子業識」，為「如來藏」，異彼二乘滅「識」趣「寂」者故，亦為異彼權教「修空」菩薩「空增勝者」故。直明「識體」本性全真，便明「識體」即成「智用」。如彼大海無風，即境像便明。「心海」法門，亦復如是。言「經」者，梵音「修多羅」，此云「契經」也。「契」謂「契法、契機」，若獨契其「法」，則「法」不應「機」；獨契其「機」，則「機」不達「法」。「經」謂「常」也，以「貫攝」為義，顯乎「前聖、後聖」所說皆然，故言「常」。持「諦理」而不忘，故云「貫」；總「群生」而教之，故曰「攝」。又云如「織經」焉，「緯」而成之，在乎其「人」。

　　大唐三藏于闐國實叉難陀(Śikṣānanda)譯，按唐敬愛寺譯經沙門智嚴所注，此經劉宋譯本。其首序云：梵文廣略，通有三本，「廣本」十萬頌，「次本」三萬六千頌，「略本」四千頌。此方前後，凡四譯，皆是「略本」四千頌文，一本舊闕。大藏中現存三本者，劉宋 元嘉十二年中，天竺三藏求那跋陀羅(guṇabhadra)，於金陵 草堂寺譯成四卷，唯「一品」，來文未足，題曰《楞伽阿跋多羅寶經》(在身字函)。

　　二者，後魏三藏菩提流支，延昌二年於洛陽 汝南王宅及鄴都 金華寺，兼補闕文，凡「三品」，經譯成一十卷，分為「十八品」，題曰《入楞伽經》(在髮字函)。

　　三者，唐久視初，于闐國三藏實叉難陀沙門復禮等，既譯畢《華

嚴新經》(八十卷者是)，而見此經前譯兩本「煩、略」未馴，意重潤色，以廣流通，續奉詔再譯。遂於嵩嶽 天中蘭若，會三本文(上二本并一梵本)，勒成七卷，凡一十品，題曰《大乘入楞伽經》(在四字函)。故御製(指武則天)序云：「元嘉建號，跋陀之譯未弘。延昌紀年，流支之義多舛。」今此注者，正釋唐本，仍將流支所譯餘八品題，如次間入注文，經中亦成一十八品。

庶知文有始終，理無二致，讀者易曉，或謂：學者以為達磨所指唯「四卷」，較諸七軸(唐譯本的七卷)之多，且易為力。殊不知首經初譯，文字簡古(簡樸古雅)，首尾文闕。洪儒(大儒文豪)碩德，尚且病其難於句讀ぇ，序引題跋(指蔣之奇與蘇東坡的序文)，自有明文(詳細說明)。(蘇東坡 元豐間，為張文定公寫此經四卷本，自作跋云：《楞伽》義趣幽眇，文字簡古，讀者或不能句。蔣穎叔(蔣之奇)為首序亦云：之奇常苦《楞伽經》難讀，則餘人可知)。

斯(此)經參同三本，得其純全(完整保全)，句義昭著(彰明顯著)。試發而讀之，則知思過半矣。

❸《楞伽阿跋多羅寶經》序（北宋·蔣之奇撰）

之奇嘗苦《楞伽經》難讀，又難得善本。會南都太子太保致政張公(張安道)施此經，而眉山 蘇子瞻(蘇東坡)為書而刻之板，以為「金山常住」。金山長老佛印 了元持以見寄。之奇為之言曰：「佛之所說經總十二部，而其多至於五千卷，方其正法流行之時。人有『聞半偈、得一句』而悟入者，蓋不可為量數。至於像法末法之後，去聖既遠，人始溺於『文字』，有『入海算沙之困』，而於一真之體，乃漫不省解」。

於是有祖師出焉，直指人心見性成佛，以為教外別傳。於動容發語之頃，而上根利器之人，已目擊而得之矣。故雲門至於「罵佛」，而藥山至戒人「不得讀經」，皆此意也。由是去「佛」而謂之「禪」，離「義」而謂之「玄」。故學佛者，必詆「禪」。而諱義者，亦必宗「玄」。二家之徒更相非，而不知其相為用也。且禪者，六度之一也，顧豈異於佛哉！

之奇以為，「禪」出於「佛」，而「玄」出於「義」，不以「佛」廢「禪」，不以「玄」廢「義」，則其近之矣。冉求問：「聞斯行諸」？孔子曰：「聞斯行之」。子路問：「聞斯行諸」？曰：「有父兄在，如之何其聞斯行之」？「求也退；故進之，由也兼人；故退之」，說豈有常哉？救其偏而已！

學佛之敝，至於溺經文、惑句義，而人不體「玄」，則言「禪」以救之。學禪之敝，至於馳空言、玩琦辯，而人不了義，則言佛以救之。二者更相救，而佛法完矣！昔達磨西來，既已傳心印於二祖，且云：吾有《楞伽經》四卷，亦用付汝。即是如來心地要門，令諸眾生開示悟入」。此亦「佛與禪」並傳，而「玄與義」俱付也。

至五祖，始易以《金剛經》傳授，故六祖聞客讀《金剛經》，而問其所從來，客云：「我從蘄州 黃梅縣東五祖山來。五祖大師常勸僧俗，但持《金剛經》即自見性成佛矣！」則是持《金剛經》者，始於五祖。

故《金剛》以是盛行於世,而《楞伽》遂無傳焉。今之傳者,實自張公倡之。

之奇過南都謁張公,親聞公說《楞伽》因緣。始張公自三司使翰林學士出守滁,一日入琅琊僧舍。見一經函,發而視之,乃《楞伽經》也。恍然覺其前生之所書,筆畫宛然,其殆神光(禪宗二祖慧可早年之名)受之,甚明也。

之奇聞:羊叔子(即指羊祜,221~278 年之人)五歲時,令乳母取所弄金鐶,乳母謂之:「汝初無是物」。祜即自詣鄰人李氏東垣桑木中,探得之。主人驚曰:「此吾亡兒所失物也,云何持去?」乳母具言之。知祜之前身為李氏子也。

白樂天(即白居易),始生七月,母指「之無」兩字,雖試百數不差?九歲,諳識「聲律」,史氏以為篤於才章,蓋天稟然,而樂天固自以為「宿習之緣」矣。人之以是一真不滅之性,而死、生、去、來於天地之間,其為世數,雖折天下之草木以為籌箸,不能算之矣。

然以淪於死生,神識疲耗,不能復記,「圓明不昧」之人知焉。有如張公以高文大冊,再中制舉,登侍從,秉鈞軸;出入朝廷,逾四十年。風烈事業,播人耳目;則其前身嘗為「大善知識」,無足疑者。其能記憶前世之事,豈不謂信然哉!故因讀《楞伽》新經,而記其因緣於經之端雲。(朝議大夫直龍圖閣權江淮荊淛等路制置鹽礬兼發運副使上護軍賜紫金魚袋蔣之奇撰)

4 書《楞伽經》後（北宋・蘇東坡撰）

《楞伽阿跋多羅寶經》，先佛所說，微妙第一，真實了義，故謂之「佛語心品」。祖師<u>達磨</u>以付二祖曰：「**吾觀震旦所有經教，唯《楞伽》四卷可以印心**」。**祖祖相受，以為心法。如醫之有難經，句句皆理，字字皆法，後世達者，神而明之，如盤走珠，如珠走盤，無不可者。若出新意而棄舊學以為無用，非愚無知，則狂而已。**

近歲學者各其師，務從簡便，得一句一偈，自謂了證，至使婦人孺子，抵掌嬉笑，爭談禪悅，高者為名，下者為利，餘波末流，無所不至，而佛法微矣。

譬如俚俗醫師，不由經論，直授方藥，以之療病，非不或中，至於遇病輒應懸斷死生，則與知經學古者，不可同日語矣。世人徒見其有一室之功，或捷於古人，因謂難經不學而可，豈不誤哉！

《楞伽》**義趣幽眇**(幽深淵眇)，**文字簡古**(簡樸古雅)，**讀者或不能**(斷)**句**，**而況**(能從佛之四卷)**遺文**(中)**以得**(其)**義**，(甚至能)**忘義**(本義指不認識、相遺忘於「義」，此喻不執著於語言文字義)**以了**(其)**心者乎？此其**(四卷經文)**所以寂寥**(寂絕寥落；冷落蕭條)**於是，幾**(乎被人)**廢**(棄)**而**(碩果)**僅存也。**

太子太保<u>樂全</u>先生<u>張公安道</u>，以廣大心，得「清淨覺」。<u>慶曆</u>中嘗為<u>滁州</u>，至一僧舍，偶見此經，入手恍然，如獲舊物，開卷未終，夙障冰解，細視筆畫，手跡宛然，悲喜太息，從是悟入。常以經首四偈，發明心要。

<u>軾</u>遊於公(張安道)之門三十年矣，今年二月過<u>南都</u>，見公於私第。公時年七十九，幻滅都盡，惠光渾圓；而<u>軾</u>亦老於憂患，百念灰冷。公以為可教者，乃授此經，且以錢三十萬，使印施於<u>江</u>、<u>淮</u>間。而<u>金山</u>長老<u>佛印</u>大師<u>了元</u>曰：「印施有盡，若書而刻之則無盡」。<u>軾</u>乃為書之，而元

使其侍者曉機，走錢塘，求善工刻之板，遂以為「金山常住」。——北宋・元豐八年九月九日（公元1085年），朝奉郎、新差知登州軍州兼管內勸農事騎都尉借緋蘇軾書。

5 《楞伽經玄義》序文（明・蕅益大師撰）

（蓮社宗第九代祖師）

猶憶初發心時，便從事於「禪宗」。數年之後，涉「律」、涉「教」，「著述」頗多。獨此《楞伽》，擬於「閱藏」畢後方註。(於)壬辰(時)結夏(於)晟溪，無處借藏(此經)，乃以六月初三日「舉筆」(撰寫註解《楞伽經》)，至八月十一日。閣筆於長水南郊之冷香堂。僅閱七旬(四十九天)，而佛事、魔事、病障、外障，殆無虛日，(更)易三(個)地(點)而(所撰之)稿始(出)脫。

嗟嗟！《梵網》、《佛頂》、《唯識》、《法華》、《占察》、《毘尼》諸述，何其順且易；《楞伽》一疏，何其逆(乖逆；違逆)且難也！得無「自覺聖智法門」，正破末世流弊。有以激「波旬」之怒耶？然「波旬」能俾予席不暇煖，而不能撓予襟期，亦不能阻予筆陣，則予必當化彼「波旬」，同成佛道。

《維摩》所謂：邪魔外道，皆吾侍者，豈不信哉？予愧為虛名所誤，犯達磨明道而不行道之記，然猶愈於說道而不明道也。賢達苟能因「語」入「義」，如燈照色，庶不負予損己利人之苦心耳。

今而後，仗三寶力，更成《閱藏知津》、《法海觀瀾》，及《圓覺》、《維摩》、《起信》諸疏，圓滿蓮花因行，則此生無遺憾矣。(蕅益旭識於蕅花洲)。

6 《觀楞伽寶經閣筆記》序文（明‧憨山大師撰）

（肉身古佛中興曹溪憨山祖師）

《觀楞伽寶經記》，蓋為觀(楞伽)經而作也。以此經直指眾生「識藏」即「如來藏」，顯發日用現前境界。今其隨順觀察「自心現量」，頓證「諸佛自覺聖智」，故名「佛語心」，非文字也，又豈可以「文字」而解之哉？故今不曰「注疏」，而曰「觀經記」。蓋以「觀」遊心，所記「觀」中之境耳。

此經為發最上乘者說，所謂是法甚深奧，少有「能信」者。以「文險義幽」，老師、宿學，讀之不能(斷)句，(何)況(能從佛之四卷)遺言(中獲)得(其)義，以入「自心現量」乎？

昔達磨授二祖，以此為心印。自五祖教人讀《金剛》，則此經不獨為「文字」，且又束之高閣，而「知之者希」，「望崖者眾」矣。

惟我「聖祖」(此指明太祖朱元璋)，以廣大「不二真心」禦(於)「寰宇」，修文志暇，乃以《楞伽》、《金剛》、《佛祖》(此指佛祖之《般若波羅蜜多心經》)三經，以試僧(人)「得度」如「儒科」(儒家之科舉考試)，(皇帝)特命僧宗泐等注釋之。頒佈海內，浸久而「奉行者亦希」。清(憨山 德清)幼入空門，切志向上事，愧未多歷講肆。常見古人謂文字之學，不能洞當人之性源，貴在「妙悟自心」。心一悟，則回觀文字，如推門落臼，固不難矣！因入山習枯禪，直至「一字不識」之地。一旦脫然自信，回視諸經，果了然如視歸家故道。

獨於此經(指《楞伽經》)苦不能(斷)句。余居海上，時萬曆壬辰夏。偶患「足痛」不可忍，因請此「經」置(於)「案頭」，潛心力究，忽寂爾「亡身」，及開卷，讀(《楞伽經》卷一之)「百八義」，(竟分明)了然，如視白黑(般的清楚)，因憶昔五台(山)梵師(之)言，遂「落筆」記之，至「生滅章」，其(足痛之)患即愈。

　　及乙未春，因弘法罹難，(吾被)幽囚(而)困楚中。一念孤光未昧，實仗「此法門」(之)威德力也，頃蒙恩遣「雷陽」。(於)丙申春，(吾)過吉州，遇大行王公性海于淨土中，請益是「經」。因出前草(稿之)二章，公首肯，遂以正受注並三譯本，稽首屬餘，請卒業焉，餘攜之。以是年三月十日抵戍所，於四月朔，即命(撰)筆，時值其地饑(荒)且瘟(病)，死傷蔽野。余坐「毒霧」(之)屍陀林中，日究此經(指《楞伽經》)，至忘「寢、食」，了然如處(於)清涼國。至七月朔，甫完卷半……

　　幸諸宰官長者居士，各歡喜成之，願將此勝因，回向《楞伽》法性海中……第此經單破「外道偏邪」之見，令生「正智」。**以「一心」為真宗，以「摧邪顯正」為大用。其所破之執，各有所據，皆載彼宗。以瘟鄉**(充滿瘴氣疾疫之鄉)**苦無「經論」參考，即所引證，皆以《起信》、《唯識》提契綱宗，務在融會「三譯」**(《楞伽經》三種譯本)**，血脈貫通。**若夫單提向上，直指一心，枝詞異說，刷洗殆盡，冥契祖印，何敢讓焉。因為述其始末如此。(萬曆己亥季夏望日海印沙門德清記)。

二、《楞伽經》中〈遮食肉品〉素食之研究

《楞伽經》中「遮食肉品」內容大網如下所整理：

(1)佛詳說為何一定要素食的原因？總共有十八個理由。

(2)一切眾生從無始來，在生死中「輪迴」不息，靡不曾作過自己的「父母、兄弟、男、女、眷屬、朋友、親愛、侍使者」等，這些六親眷屬也可能轉生而受「鳥獸」等身，云何還能吃眾生肉呢？

(3)眾生所噉之肉，無非都是自己的「六親眷屬」轉世來的。佛說此法時，原本就「食肉」之諸「惡羅剎」，悉捨「惡心」不再食肉，更何況是「樂法」的修行人呢？

(4)有關在市場出現的「驢騾、駱駝、狐、狗、牛、馬、人、獸」等肉，都是屬於「雜穢」的眾生肉，故不應食肉。所有的「眾生肉」都是由「精血」汙穢之所形成，故不應食肉。眾生若聞「食肉」者身上之「氣味」，悉皆生恐怖心，故不應食肉。

(5)食肉將令修行者無「慈悲心」，故不應食肉。肉類並非為「聖慧人」所食之味，食肉者將遭「惡名」流布，為聖人之所呵責。

(6)修行的菩薩，欲追求「清淨佛土」而教化眾生，故不應食肉。諸肉具「臭穢」不淨，皆如「人類死屍」般之臭氣。

(7)世間邪師為了讓「邪咒」能獲得成就，都不敢食肉，更何況佛門弟子修持「純正佛咒」，能不斷肉嗎？

(8)食肉者，一旦見「眾生肉」的「形色」，即生起貪「滋味」之心識想，更於「肉味」而生執著，所以修行人不應食肉。

(9)食肉者，將為「諸天神」之所棄捨而遠離。食肉者，將令「口氣」生臭。食肉者，將導致多「惡夢」。食肉者，若處於樹林中時，虎狼將聞其身上有「肉香」，會馬上追嗜你，故不應食肉。

(10)食肉者，將造成「貪心」不足，不能於肉食中生「厭離心」，進而飲食無節量，不能消化，增益身體負擔。腹中多有無量「惡蟲」，身多「瘡癬、惡癩」等不淨之疾病。修行人於凡所飲食時，皆應作

「食子肉想」與作「服藥想」。

(11)食肉者，若行、若住、若坐、若臥，一切眾生聞其「肉氣」，皆悉生恐怖心。菩薩不習「食肉」，為度眾生而「示現」食肉，雖食其實「不食」。

(12) 過去世有師子奴王，因貪著於食肉，乃至食人肉，後遭「親人」與「人民」捨離背叛，最終亡失王位與喪命。

(13)「毘首羯磨」天神化作「鴿身」。<u>釋迦佛前生為<u>尸毘</u>王</u>，捨身餵「帝釋天」所變的「鷹身」。

(14)<u>斑足</u>王以過去世「食肉」之薰習，待今世轉生作「人王」時，亦好食肉，甚至食「人肉」，後來所生的諸男女，盡皆為「羅刹」類的眾生。

(15)凡是喜好「食肉」的眾生，皆依於過去「食肉」之薰習造成。修行人寧受飢餓苦，亦不生「惡心」而食肉，將來「人身」尚難得，更何況能得「涅槃」道嗎？

(16)凡殺生者，多為人想食肉。若人不食肉，則亦無「殺生」事。是故「食肉」與「殺生」乃同罪的。

(17)「食肉」者乃斷「大慈」種。如來我曾經有聽許過「聲聞」人，可食「三淨肉」，所以我並沒有允許「聲聞」弟子們可以「光明正大」的食肉。若我真有聽許的話，如來我則非是一位住於「慈心」者、修「觀行」者、行頭陀者、趣向「大乘」者。

(18)如來在世時，曾聽許比丘可食「三淨肉、五淨肉、九淨肉」，而「十種肉」則自始自終佛陀都是禁止食肉的，此皆隨事因緣而漸制之戒。但佛於臨「涅槃」時，又改云「禁一切肉，悉不應食」。所以戒律會因「時、地、種種因緣」下而有不同的「開、遮、持、犯」問題。

(19)諸佛如來最終是遮禁修行人「食肉」，不單只為一人而說，於「現在、未來」一切諸人，皆不得食肉。凡是「肉食」，悉是「不淨」之食。

(20)諸佛如來皆以「法食、法住」為主，非為「飲食」的「雜食」之身。如來視眾生猶如自己親生之「一子」，所以絕不會去教人食魚肉。

(21)佛勸修行人應該要素食的偈頌。

1 經文前面的偈頌內容

劉宋・求那跋陀羅譯《楞伽阿跋多羅寶經》	元魏・菩提流支譯《入楞伽經》	唐・實叉難陀與復等譯《大乘入楞伽經》
爾時大慧菩薩。以偈問曰：	大慧菩薩問：	爾時大慧菩薩重說頌言：
彼諸菩薩等。 (若有)志求佛道者。 (若將)酒肉及與蔥。 (作爲)飲食爲云何？	酒肉蔥韮_(古同「韭」)蒜 佛言(皆)是不淨。	(若有修行的)菩薩摩訶薩 (欲)志求(於)無上覺(者) (所有)酒肉及與蔥。 爲食(或)爲不可(食)？ (此皆爲)愚夫(之)貪嗜肉
唯願無上尊。 哀憫爲(我等)演說。 愚夫所貪著(葷腥)。 (將感召)臭穢(與)無名稱。	一切(皆)不聽食。 (葷腥爲)羅刹等食噉。 非聖(人)所食(之)味。 (葷腥之)食者(爲)聖(人所)呵責。 及(獲)惡名流布(流傳散布)。	(將感召)臭穢(而)無名稱 與彼惡獸(爲相)同。 (葷腥)云何而可食？
(葷腥爲)虎狼所甘嗜。 云何而(爲志求佛道者)可食？		
食(葷腥)者(將)生諸過(惡)。 不食(葷腥)爲「福善」。		食者有何過(惡)？ 不食有何德？
唯願(世尊)爲我說。 食(與)不食、(所獲的)罪(與)福(問題)！	願佛分別(爲我等)說。 食(與)不食(所獲的)罪(與)福(問題)！ (注意：本段文字乃出	唯願最勝尊。 爲我具開演。 (注意：本段文字乃出

	現在下文「是故大慧！來聖道者酒肉蔥韭及蒜薤等能薰之味悉不應食」後面的內容，今複製一份至此處，乃方便與其它經文相對照用)	現在下文「令我及與諸菩薩等。聞已奉行，廣為他說」後面的內容，今複製一份至此處，乃方便與其它經文相對照用)

② 佛詳說為何一定要素食的原因？總共有十八個理由

劉宋・求那跋陀羅譯 (Guṇabhadra)	元魏・菩提流支譯 (Bodhiruci)	唐・實叉難陀與復禮 等譯(Śikṣānanda)
四卷	十卷	七卷
公元 443 年譯畢 距今接近 1600 年了	公元 513 年譯畢 距今約有 1500 多年了	公元 700 年譯畢 距今約有 1300 多年了
《楞伽阿跋多羅寶經》	《入楞伽經》	《大乘入楞伽經》
	【卷八・遮食肉品第十六】	【卷六・斷食肉品第八】
⑴大慧菩薩說偈問已，復白佛言：唯願世尊，為我等說「食」(與)「不食肉」(的)功德(與)過惡(過失罪惡)。 (māṃsa-abhakṣya 不食肉) (māṃsa-bhakṣa 食肉) 我及諸菩薩，(能)於「現在」(及)「未來」，當為種種(仍渴求)希望(於)「食肉」(的)眾生(而)分別說法。	⑴爾時聖者大慧菩薩摩訶薩白佛言：世尊！我觀世間(眾生之)生死流轉，怨結(怨仇相結)相連，墮諸「惡道」，皆由「食肉」(而)更相殺害。(食肉)增長「貪、瞋」，不得出離(生死)，甚為大苦。	⑴爾時大慧菩薩摩訶薩，復白佛言：世尊！願為我說「食」(與)「不食肉」(的)功德(與)過失。 (māṃsa 肉-abhakṣya 不食) (māṃsa 肉-bhakṣa 食) 我及諸菩薩摩訶薩知其義已，(能)為「未來」(與)「現在」(為業)報(惡)習所薰(而渴求)食肉(的)眾生而演說之，令(眾生能)捨「肉味」(而)求於「法味」。
⑵令彼(欲食肉的)眾生(能改生)「慈心」(而)相向(於一切的眾生)。	⑵世尊！食肉之人斷「大慈」(之)種，(所以發大心的菩薩欲)修「聖道」者，(皆)不應得食(肉)。	⑵(發大心修行的菩薩應)於一切眾生(生)起「大悲心」，更相親愛，(皆視)如(同)「一子」(之)想。

(參)（若）得（斷肉的）「慈心」已，各（能）於（所）住（的菩薩諸）地（獲）清淨明了，（能）疾得「究竟無上菩提」。		(參)（如此便因斷肉而）住（於）菩薩（諸）地，（能疾）得「阿耨多羅三藐三菩提」。
(肆)（或於）「聲聞、緣覺」（之）自地（而暫時）「止息」已，（但終究）亦得（快）速成（就）「無上菩提」。		(肆)或（雖住於）「二乘」地，暫時「止息」（於二乘），（但終）究竟當成「無上正覺」。
(伍)（具有）「惡邪」（的）論法，（為）諸外道輩，（生）邪見（執著於）「斷、常」、（生）「顛倒」（的）計著，（彼外道）尚有遮法（遮障禁止之法），不聽（許）食肉。	(伍)世尊！諸「外道」等，說「邪見」法，（例如）「盧迦耶陀」(lokāyatika)墮（世）「俗」之論，墮於「斷、常、有、無」見中，（尚）皆遮（障禁止）食肉，自己不食，（亦）不聽（許）他（人）食（肉）。	(伍)世尊！「路伽耶」(lokāyatika)等諸「外道」輩，（皆生）起「有、無」（之）見，執著（於）「斷、常」。尚有「遮禁」（遮障禁止而）不聽（許）食肉。
(陸)況復「如來」（為）世間（之）救護（者），（具）「正法」成就，而（竟）食肉耶？	(陸)云何「如來」（於）清淨法中，修「梵行」者。（能）自食（肉）、（或令）他（人）食（肉），一切（都）不（禁）制？如來世尊於諸眾生「慈悲」一等（均一平等），云何而聽（許）以「肉」為食？	(陸)（便）何況（是）「如來」應正等覺，（以）「大悲」含育（眾生），（如來為）世（之）所依怙（者），而（竟聽）許「自、他」（皆）俱食肉耶？
	(柒)善哉世尊！哀愍	(柒)善哉世尊！具

	世間，願為我說「食肉」之過(惡)、(與)「不食」(之)功德。	「大慈悲」哀愍世間，(平)等觀眾生猶如「一子」。願為解說「食肉」(之)過惡(與)「不食」(之)功德。
	(令)我及一切諸菩薩等，聞已得依「如實修行」(而)廣宣流布(流傳散布)，令諸「現在、未來」(之)眾生，一切(皆能)識知(此理)。	令我及與諸菩薩等，聞已奉行，(能)廣為他(人解)說。

3 一切眾生從無始來，在生死中「輪迴」不息，靡不曾作過自己的「父母、兄弟、男、女、眷屬、朋友、親愛、侍使者」等，這些六親眷屬也可能轉生而受「鳥獸」等身，云何還能吃眾生肉呢？

劉宋・求那跋陀羅譯《楞伽阿跋多羅寶經》	元魏・菩提流支譯《入楞伽經》	唐・實叉難陀與復等譯《大乘入楞伽經》
㊀佛告大慧：善哉！善哉！諦聽！諦聽！善思念之。當為汝說。	㊀佛告聖者大慧菩薩言：善哉！善哉！善哉！大慧！汝(具)「大慈悲」，愍眾生故能問此義。汝今諦聽，當為汝說。	㊀爾時佛告大慧菩薩摩訶薩言：大慧！諦聽！諦聽！善思念之。吾當為汝分別解說。
大慧白佛言：唯然受教。	大慧菩薩白佛言：善哉！世尊！唯然受教。	
㊁佛告大慧：有無量(之罪過)「因緣」，(故修行人)不應「食肉」，然我今當為汝「略說」(其義)。謂：	㊁佛告大慧：夫「食肉」者，(皆)有無量(的)過(惡)，諸菩薩摩訶薩(若)修「大慈悲」(者)，不得食肉，食與不食(肉)，(所有的)功德、罪過，我(能)說「少分」(之義)，汝今諦聽。	㊁大慧！一切諸(眾生)肉(皆)有無量(之因)「緣」。菩薩於中，當生「慈愍」，不應噉食。我今為汝說其「少分」(之義)。
1.一切眾生，從本已來，(互相)「展轉」(的)因緣，(皆)嘗為(自己的)「六親」(之一)，以	1.大慧！我觀眾生從無始來(因)「食肉」(之惡)習故，貪著「肉味」，更相殺害，遠	1.大慧！一切眾生從無始來，在生死中「輪迴」不息，靡不曾作「父母、兄弟、

「親」(人之)想故，(故修行人)不應食肉。	離「賢聖」，受生死苦。 (若有)捨「肉味」者，(便能得)聞「正法味」。於菩薩(階)地(便能)「如實」修行，速得「阿耨多羅三藐三菩提」。 (捨肉之修行)復(能)令眾生入於「聲聞、辟支佛」地(而暫時)止息之處，(經暫止)息已，(最終便能)令入「如來之地」。 大慧！如是等利，(皆以)「慈心」為本。「食肉」之人，(當)斷「大慈」(之)種。云何當(能)得如是(之)「大利」？ 是故大慧！我觀眾生輪迴(於)六道，同在生死，(彼此)共相「生育」，(相)遞(或)為「父母、兄弟、姊妹」。 若(為其)男(兒)、 若(為其)女(兒)、	男、女、眷屬」，乃至「朋友、親愛、侍使(給侍人：使者)」。 (這些六親眷屬也很容)易(轉)生而受「鳥獸」等身(的)，云何於「中」(而)取之而食？

	(若爲其)中表(指與祖父或父親的「姐妹」的「子女」成爲親戚關係,或與祖母或母親的「兄弟姐妹」的「子女」成爲親戚關係)、 (若爲其)內外「六親」(之)眷屬, 或生「餘道」, (無論)善道、惡道,(皆)常爲(其轉世輪迴後的)眷屬。	

4 眾生所噉之肉，無非都是自己的「六親眷屬」轉世來的。佛說此法時，原本就「食肉」之諸「惡羅刹」，悉捨「惡心」不再食肉，更何況是「樂法」的修行人呢？

劉宋‧求那跋陀羅譯《楞伽阿跋多羅寶經》	元魏‧菩提流支譯《入楞伽經》	唐‧實叉難陀與復禮等譯《大乘入楞伽經》
	以是因緣，我觀眾生更相「噉肉」，無非(都是自己的六)親(眷屬)者，由貪「肉味」，迭(更)互相(食)噉，常生(殺)害心，增長「苦業」，流轉(於)生死(而)不得出離。	大慧！菩薩摩訶薩，(應)觀諸眾生(皆)同於「己身」(自己身命)，(應想)念「肉」(者)皆從「有(生)命」中(而)來。云何而食？
	佛說是時，諸「惡羅刹」(rākṣasa)聞佛(之)所說(後)，悉捨「惡心」，(遮)止(而)不食肉，(更)迭相勸發「慈悲」之心，(應)護眾生命(超)過(於)自護(己)身(命)。(應)捨離一切諸肉(而)不食，(諸惡羅刹)悲泣流淚而白佛言：	大慧！諸「羅刹」(rākṣasa)等，聞我此說，尚應斷肉，(更何)況(是)「樂法」(之)人(呢)？
	世尊！(惡羅刹)我聞佛說，(應)諦觀「六道」(眾生)。我所噉(之)肉，皆是我(之六)親(眷屬)，乃知「食肉」眾生(將造作)大怨(仇心)，(而)斷「大慈」種。長(養)「不善業」，是「大苦」	大慧！菩薩摩訶薩，(於)在在生處(常)觀諸眾生皆是「親屬」(六親眷屬)，乃至「慈念」如「一子」(之)想，是故(修行人)不應食「一切肉」。

(之)本。

世尊！(惡羅刹)我從今日，斷(肉)不食肉。及我眷屬，亦不聽食(肉)。

如來(之)弟子(若)有不食(肉)者，我當晝夜親近(與)擁護(之)。

若(有)食肉者，我當與作大不「饒益」(豐饒助益之事)。

大慧！「羅刹惡鬼」(本為)常食肉者，聞我所說，尚發「慈心」(而)捨肉不食。況我弟子，(修)行「善法」者，當聽(許)食肉？

若(有)食肉者，當知即是(成為)眾生(之)大怨(仇)，斷我(佛如來之)「聖種」。

大慧！若我(之)弟子聞我所說，不諦觀察而(仍然)食肉者，當知(此弟子)即是(為)「旃陀羅」種(caṇḍāla 屬最下級之種族，專事獄卒、販賣、屠宰、漁獵等職)，非我(佛如來之)弟子，我(亦)非其師。

	是故大慧！若欲與我作(為如來之)「眷屬」者，(於)一切諸肉，悉不應食！	

5 有關在市場出現的「驢騾、駱駝、狐、狗、牛、馬、人、獸」等肉，都是屬於「雜穢」的眾生肉，故不應食肉。所有的「眾生肉」都是由「精血」汙穢之所形成，故不應食肉。眾生若聞「食肉」者身上之「氣味」，悉皆生恐怖心，故不應食肉

劉宋·求那跋陀羅譯《楞伽阿跋多羅寶經》	元魏·菩提流支譯《入楞伽經》	唐·實叉難陀與復等譯《大乘入楞伽經》
2.(有關在市場出現的)「驢騾(騾子是母馬和公驢的「混血兒」叫「騾」；若公馬與母驢和的「混血兒」則叫「驢騾」。騾子是「混血兒」，但無法再產生「後代」。因為公騾沒有成熟的精子，母騾雖有卵細胞，但沒有「助孕素」，所以騾子都是不能再生出騾子來的)、駱駝、狐、狗、牛、馬、人、獸」等肉。(此皆為)屠(殺眾生)者，(將具有)雜(穢的眾生肉販)賣(出去)，故(修行人)不應食肉。		*2.*大慧！(或於)衢(巷)路(中)、(或於)市肆(市易商肆中)，(有)諸「賣肉」人，或將「犬、馬、人、牛」等肉，為求(財)利故而「販鬻」(販賣貿易)之。如是(皆屬於)「雜穢」(的眾生肉)，云何(修行人而)可食(肉)？
3.(所有的「眾生肉」都是由)不淨「氣分」所生長，故(修行人)不應食肉。	*3.*復次大慧！菩薩應觀一切是(眾生)肉，皆依(於)父母、膿血不淨、(父精母血之)赤白和合，(因此)生(出此)不淨(之)身。是故菩薩(應)觀肉(之)不淨，不應食肉。	*3.*大慧！一切諸(眾生)肉皆是「精血」汙穢(之)所(形)成，(欲)求清淨(的修行)人，云何取食(眾生肉)？

4.眾生（若）聞（食肉者身上之肉）氣（味），悉（皆）生恐怖（心）。	**4.**復次大慧！食肉之人，眾生聞（肉）氣（味），悉皆驚怖逃走（而）遠離。	**4.**大慧！食肉之人，眾生見之，悉皆（心生）驚怖。
	是故菩薩修「如實」（清淨之）行，為（度）化眾生，不應食肉。	（所以一位）修「慈心」者，云何食肉？
如「旃陀羅」（caṇḍāla 屬最下級之種族，專事獄卒、販賣、屠宰、漁獵等職）及「譚婆」（ḍomba 屠家；屠兒。古印度稱食狗肉人為「譚婆」，也可稱為「獵師」。《大乘集菩薩學論》云：生「旃陀羅」，或「獵師」屠膾，生羅剎女中「食肉」諸種類）等，狗見（之即生）憎惡（心），驚怖（而）群吠，故（修行人）不應食肉。	大慧！譬如「旃陀羅」（caṇḍāla 屬最下級之種族，專事獄卒、販賣、屠宰、漁獵等職），（及）「獵師、屠兒、捕魚鳥人」。	大慧！譬如「獵師」及「旃陀羅」（caṇḍāla 屬最下級之種族，專事獄卒、販賣、屠宰、漁獵等職），（以及從事）捕魚、網鳥（之）諸惡人等。
	（如是等惡人於）一切行處，眾生遙見（之）作如是念：	狗見（之心）驚（而）吠，獸見（之則）奔（馳逃）走。
	我今（可能）定死！而此（等諸人）來者，（皆是）大惡人，不識罪福，斷眾生命，（為）求現前（飲食之）利，今（諸惡人）來至此，（可能）為覓我等（之命）？	（所有）空飛、水陸（之）一切眾生，若有見之（指食肉者），咸作是念：
	今我等身，悉皆有肉，是故今（諸惡人）來，我等（可能）定死！	此人「氣息」猶如「羅剎」，今來至此，必當殺我？為護（己）命故，悉皆走避。
		食肉之人，亦復如是。

	大慧！由(修行)人(若)食肉，能令(諸)衆生見者，皆生如是(之)驚怖(心)。 大慧！一切「虛空、地」中(之)衆生，見(有)「食肉者」，皆生驚怖(心)，而起疑念：我於今者，(將)為死？為活？如是(食肉之)惡人，不修「慈心」，亦如「豺狼」遊行(於)世間(而)常覓「肉食」。 如牛噉草，蛆蜋逐(食)糞(便)，(而)不知飽足。我身(亦)是(有)肉，正(可能成為)是其食？(故我)不應逢見(此食肉人)，即捨逃走，離之、遠去，如人畏懼「羅剎」(而)無異。 大慧！食肉之人，能令衆生見者，皆生如是(之)驚怖。當知食肉衆生(即為)大怨(仇者)。	

6 食肉將令修行者無「慈悲心」，故不應食肉。肉類並非為「聖慧人」所食之味，食肉者將遭「惡名」流布，為聖人之所呵責

劉宋・求那跋陀羅譯《楞伽阿跋多羅寶經》	元魏・菩提流支譯《入楞伽經》	唐・實叉難陀與復等譯《大乘入楞伽經》
5.(食肉)又令修行者(之)「慈心」不生，故(修行人)不應食肉。	5.是故菩薩修行「慈悲」，為攝(化)眾生，(故修行人)不應食彼(眾生肉)。	5.是故菩薩為修「慈行」(而)不應食肉。
	(眾生肉並)非(為)「聖慧人」所食之味，(將遭)「惡名」流布(流傳散布)，(為)聖人(之)呵責。	大慧！夫食肉者，(將導致)身體臭穢，(及遭)「惡名」流布(流傳散布)，(所有的)「賢聖、善人」(都)不用親狎(親附狎近食肉人)。
		是故菩薩不應食肉。
	是故大慧！(修行的)菩薩為攝(化)諸眾生，故不應食肉。	大慧！夫「血肉」者，(為)「眾仙」(之)所棄，群聖(亦)不食，是故菩薩不應食肉。
	復次大慧！菩薩為護眾生(之)「信心」，不應食肉。何以故？	大慧！菩薩為護眾生(之)信心，令於佛法不生「譏謗」，以「慈愍」故，(修行人)不應食肉。
	大慧！言(發大心修行的)菩薩者，眾生皆	

| | 知。是「佛如來」(具)「慈心」之種,能與眾生作「歸依處」。

(諸佛如來能令)聞者自然不生「疑怖」,生「親友」想、「善知識」想、「不怖畏」想。言(能)得:
「歸依」處,
得「安隱」處,
得「善導師」。

大慧!(諸佛如來)由(於)「不食肉」,(故)能生「眾生」如是(對諸佛的)「信心」。

若(諸佛如來爲)食肉者,眾生即失一切「信心」,便言:

世間(皆)無可信(之)者,(於是便)斷(滅)於「信根」。

是故大慧!菩薩為護眾生(之)「信心」,(於)一切「諸肉」悉不應食。

復次大慧!我(佛如來 | |
| | | 大慧!若我(佛如來之)弟子,食噉於(眾生)肉,(如此將)令諸世人悉懷「譏謗」(譏訕毀謗),而作是言: |

之)諸弟子，為(保)護世間(人不生毀)謗三寶(之心)，故(修行人)不應食肉。何以故？

世間有人，見(到修行人)食肉故，(即)「謗毀三寶」，作如是言：

於佛法中，何處當有「真實」(的)沙門？
(真實的)婆羅門？
(真實的)修梵行者？

(這些修行人竟)捨(棄)於聖人本所應食(之素齋)，(改成)食眾生，(此)猶如「羅剎」(之)食肉(而)滿腹，(將導致)醉眠(昏醉深眠而)不動。

(這些修行人)依(著)世(間之)凡夫，(或依著)豪貴(之)勢力，(然後)覓肉(而)食噉，(猶)如「羅剎王」驚怖(於)眾生(一般)。

是故(世間人便)處處(生毀謗而)唱如是言：

何處有(真)實(的)沙門？

云何沙門，(為)修淨行(之)人，(竟)棄捨「天仙」所(應)食之(齋素之)味？

(這些吃肉的修行人)猶如惡獸，食肉(而)滿腹，(然後)遊行(於)世間，(將)令諸眾生，(對這些食肉者)悉懷驚怖(之心)。

(這些食肉者破)壞(了)「清

| | 婆羅門？
修淨行者？
(這世間一切都是)無「法」、無「沙門」、無「毘尼」(Vinaya 律)、無「淨行」者！

(世間人便)生如是等無量無邊(罪)惡(之)不善心。

(如此將)斷(滅)我(佛之)「法輪」、絕滅(賢)聖(人)種，(此)一切皆由食肉者(所造成的)過(失)。

是故大慧！(做爲)我(佛如來之)弟子者，為(保)護「惡人」(不生)毀謗三寶(心)，乃至(諸弟子們都)不應生「念肉」(之)想，(更)何況(去)食噉(眾生肉)？

復次大慧！菩薩為(追)求「清淨佛土」(例如西方極樂世界)，教化眾生，(故修行人)不應食肉。

(菩薩)應觀「諸肉」(皆)如人(類之)死屍，眼(皆)不欲見(人屍體)，(更)不 | 淨行」，(表)失「沙門」道，是故(將被世人譏謗説)當知佛法之中(竟)無「調伏」行？

(修行的)菩薩(應具)「慈愍」(心)，為(保)護「眾生」，不令(一般世人對修行人)生於如是之(惡)心，(故修行的菩薩)不應食肉。 |

| | 用聞(屍體之)氣。何況可(聞)嗅而著(於)口中(而吃呢)？
一切諸肉亦復如是。 | |

7 修行的菩薩，欲追求「清淨佛土」而教化眾生，故不應食肉。諸肉具「臭穢」不淨，皆如「人類死屍」般之臭氣

劉宋・求那跋陀羅譯《楞伽阿跋多羅寶經》	元魏・菩提流支譯《入楞伽經》	唐・實叉難陀與復等譯《大乘入楞伽經》
6.凡愚所嗜(之肉皆)「臭穢」不淨，(食肉將導致)無「善名稱」，故(修行人)不應食肉。	6.大慧！(眾生肉皆)如(焚)燒(的人類)「死屍」，(具)「臭氣」不淨，(此)與(焚)燒「餘肉」(之)臭穢(乃)無異。云何於(肉)中(還生)有食？(與)不食？ 是故大慧！菩薩為(追)求「清淨佛土」，教化眾生，(皆)不應食肉。 復次大慧！菩薩(當)為(追)求出離「生死」(輪迴)，應當專念「慈悲」之行，少欲(而)知足，厭(離)世間苦，速求解脫(道)，當捨憒丟鬧(煩憒喧鬧)，(而往)就於「空閑」(之靜處)。(或)住(於)「屍陀林」、(或處於)阿蘭若處、(或於)「塚間、樹下」獨坐思惟(與禪修)。 (應)觀諸世間，無一	6.大慧！如(焚)燒「人肉」，其氣臭穢，(此與)(焚)燒「餘肉」(之臭穢)，(乃相)等(而)無差別。云何於(肉)中(還生)有食？不食？ 是故一切「樂清淨」者，(皆)不應食肉。

（爲）可樂，（所有的）妻子、眷屬，（皆）如「枷鎖」（之）想。

（所有的）宮殿、臺觀（ㄍㄨㄢˋ）（高臺樓觀），（皆）如「牢獄」（之）想。

觀諸「珍寶」如「糞聚」（之）想。

見諸飲食，如「膿血」（之）想。

受諸「飲食」，如塗「癩（ㄌㄞˋ）瘡」（癩瘡ㄔㄨㄤ 毒瘡）。

（往）趣（所）得存（之餘）命，（爲了）繫念（於解脫的）「聖道」（而）不為貪（飲食之）「味」，（所有的）「酒、肉」、（與）「蔥、韭（ㄐㄧㄡˇ）（古同「韭」）、蒜、薤（ㄒㄧㄝˋ）」（諸五辛）臭味，悉捨不食。

大慧！若（能）如是者，是（爲）真修行，（即可）堪受一切「人、天」（之）供養。

若於世間，不生厭

	離(於葷辛)，貪著(於)諸味，(於)「酒、肉、葷、辛」得便噉食(之)，(如此之修行人便)不應(再)受於世間(的)「信施」(與供養)。	
	復次大慧！有諸眾生過去曾修無量(的善或惡)「因緣」，有(些)微(的)善根，(故今世能)得聞我(的正)法，(具)「信心」(而)出家。	
	在我法中，(也有)過去(生)曾作(過)「羅剎」(之)眷屬，(或者曾在)虎、狼、獅子、貓狸中(轉)生(過)。	
	(這些人)雖(這世)在我法(中有發心修行)，(但仍有宿世)食肉(的)餘習，見食肉者，(就)歡喜(想要去)親近。	
	(甚至)入諸「城邑、聚落、塔寺」，(把)「飲酒、噉肉」(之事)以為歡樂。	
	(若從)諸天(人往)下觀(看)，(食肉者就)猶如「羅剎」(在)爭噉「死	

| | 屍」(相)等(而)無有異。而(這些食肉的修行人)不自知(自己)已失(爲)我(佛如來之僧)衆，成(爲)「羅刹」(的)眷屬。

(外表這些人)雖服「袈裟」，剃除鬚髮。

(但具)有(生)命(的眾生)者，見(了這些食肉的修行人，仍然會)心生恐怖，如(恐)畏「羅刹」(一樣的心理)。

是故大慧！若以我(佛如來)爲師者，(於)一切諸肉，悉不應食！ | |

佛教徒真的可以吃香菜？

--—2014 年 8 月 28 日星期四，釋慧超寫於眉縣太白山蒿坪寺雲水寮。轉載自——淨律學苑公眾平臺

以大乘菩薩戒來看，「香菜」並不屬於「五辛」之一，更不是「菩薩戒」所要「禁食」之蔬菜。所以，食用「香菜」或「油菜」更不會是違犯「十重戒」和「四十八輕戒」的規定。

四、結語

綜上所述，通過辨別《敦煌遺書》之《破昏殆法》與《諸經要略文》之真偽，依據「經律論典」記載和「祖師的言教」開示，可以明確地得出結論：「香菜」或「油菜」根本就不是「五辛」之一，只是「外道」以此作為「葷菜」而已。尤其在《十誦律》中，「香菜」與「菠菜」等還是佛陀開許比丘食用的五種「副食」（果蔬類）之一。但是，對於專門修「密法」與「持誦密咒」者；特別是在經過具有一切「險難之處所」時，抑或「結界」，在作「火供」之時，以防其「咒術」會失驗，「建議」此時都不要食用「香菜」或「油菜」等。但如果從「醫學」角度來說，「香菜」會損人精神，久食，令人多忘，根發痼疾。但「香菜」仍有「驅風、透疹、健胃」及「袪痰、降血壓」的功效。因此，佛教徒可否食用「香菜」，取決於個人的「體質」及所修的「法門」為妥。

8 世間邪師為了讓「邪咒」能獲得成就，都不敢食肉，更何況佛門弟子修持「純正佛咒」，能不斷肉嗎？

劉宋・求那跋陀羅譯《楞伽阿跋多羅寶經》	元魏・菩提流支譯《入楞伽經》	唐・實叉難陀與復等譯《大乘入楞伽經》
7. (食肉者將)令諸「咒術」不(獲)成就，故(修行人)不應食肉。	*7.* 復次大慧！世間(具有)邪見(之)諸「咒術師」，若其(一旦)食肉，(其)「咒術」(便)(不得)成(就)。 (世間邪師為了讓「邪咒」能獲得成就，都不敢食肉，更何況佛門弟子修持「純正佛咒」，能不斷肉嗎？) (世間邪師)為(了能)成(就)「邪術」，尚不食肉，(更何)況我(佛如來之)弟子？ 為求如來「無上聖道、出世解脫」，(為了)修「大慈悲」，精勤(於)「苦行」，猶恐不得(獲成就)，何處當有如是(之)解脫；為彼癡人(是因)「食肉」而(獲)得(的)？ 是故大慧！我諸(佛如來之)弟子，為求「出世解脫樂」，故(修行人)不應食肉。	*7.* 大慧！(若有)諸善男子，(於)塚間、樹下、阿蘭若處，寂靜(於)修行。或住(於)「慈心」，或持「咒術」，或(欲)求(於)解脫，或(欲)趣(向於)「大乘」，(因)以「食肉」故，(造成)一切(為)障礙，不得成就。 是故菩薩，(若)欲利(益於)「自、他」，(皆)不應食肉。

卍 「密宗真言」行者，也一定要斷「五辛酒肉」的經典依據

北宋・<u>天息災</u>譯《一切如來大祕密王未曾有最上微妙大曼拏羅經・卷二》

(1)又<u>金剛手</u>白言：若「阿闍梨」受行「世法」，恆取快樂，恆食「酒、肉、葷辛」之味。彼「阿闍梨」云何度弟子入「曼拏羅」？

云何度弟子免「輪迴之難」？

云何可得「真言悉地」？我今疑惑其事，云何？

(2)佛言：<u>金剛手</u>！無有「阿闍梨」受行「世法」恆取快樂，樂食「酒、肉、葷辛」之味者……

<u>金剛手</u>！汝聽「菩薩之行」，我今說之。

菩薩行者，奉持「戒法」，行「菩薩道」……不行「妄語、殺生、飲酒、戲樂、我、人見」等。如是奉「戒」，無有過失，此為「阿闍梨」所行「菩薩之行」。

按：從這部「密教經典」來看，佛很清楚的回答說：真正修行的「阿闍梨」，絕對沒有貪樂「殺生、酒、肉、葷辛」的事，都一定是奉持「戒法」、行「菩薩道」的清淨持戒者。

《請觀世音菩薩消伏毒害陀羅尼咒經》

眾生聞者，獲大安樂，應當闇誦，若欲誦之(指陀羅尼咒)，應當持齋，不飲酒、不噉肉，以灰塗身、澡浴清淨，不食興渠五辛，能熏之物，悉不食，婦女穢污，皆悉不往。

《大般涅槃經・卷四十》

(1)是「陀羅尼」，十恒河沙諸佛世尊所共宣說。能轉女身，自識宿命。

若受五事。

一者：「梵行」(全戒婬行)。

二者：「斷肉」。

三者：「斷酒」。

四者：「斷辛」。

五者：「樂在寂靜」。

(2)受五事已，至心信受、讀誦、書寫是「陀羅尼」，當知是人即得超越「七十七億」弊惡之身。爾時世尊，即便說之。

唐・善無畏譯《阿吒薄俱元帥大將上佛陀羅尼經修行儀軌・卷上》

(1)世尊！欲「結界」之時。清淨香湯沐浴，即著上妙衣服。不食「五辛、酒、肉」之屬，「芸薹、胡荽（同「胡荾、胡蕧、胡菝、葫菱、芫荽、香荽」，俗稱「香菜」）、蘿蔔」及「椿葉   蔥」不經口，結齋清淨。

(2)世尊！此咒奇特無比，威猛自在，如我之身金剛不壞。

唐・輸波迦羅(善無畏)譯《蘇婆呼童子請問經・卷上》

(1)復次蘇婆呼童子！持誦之者……亦不毀謗「在家」，及行「諂曲言辭」，說人「長短」，非時睡眠，無義談話……

(2)放逸懈怠，皆須遠離。亦不「飲酒」及以「食肉」，蔥、蒜、薤葉   、韮葉   （古同「韭」）……

唐・不空譯《受菩提心戒儀》

(1)弟子某甲等，自從過去無始已來，乃至今日，貪瞋癡等種種煩惱……破齋、破戒、飲酒、食肉，及食「五辛」，如是等罪無量無邊，不可憶知。

(2)今日誠心發露懺悔，一懺已後，永斷相續更不敢造。唯願十方一切諸佛諸大菩薩，加持護念，能令我等罪障消滅。

唐・不空譯《佛說金毘羅童子威德經》

或救眾生苦難者，先須持「如來神咒」十萬遍，然行諸方法……唯忌「五辛」及「酒、肉、女色」等。

《佛説大輪金剛總持陀羅尼經》
善男子、善女人，受持讀誦，淨於尊像前……亦不得「五辛、酒、肉」家食。若善男子、善女人食「此食」者，受持讀誦，戒行俱破。不名受持讀誦，神力俱失。

唐・義淨譯《曼殊室利菩薩咒藏中一字咒王經》
凡誦咒之人，常須遠離惡人，不淨臭穢之處，不近「酒、肉、五辛」。一心受持，無不驗者。若有一日常誦一遍，能護自身。若誦二遍，能護同伴。

唐・寶思惟譯《大方廣菩薩藏經中文殊師利根本一字陀羅尼經》
(1)咒之七遍，所怖即除……當須淨其身心，不得近諸「女人」及喫一切「五辛、酒、肉、芸薹、胡荽(同「胡荾、胡蘐、胡葰、葫荾、芫荽、香荽」，俗稱「香菜」)」。
(2)於諸眾生起大悲想，至心誦咒，咒之四十九遍，而諸怨惡自然退散。

唐・智通譯《觀自在菩薩隨心咒經》(亦名《多唎心經》)
(1)此「總攝印咒」，能總攝一切印咒等。若受持此咒者，盡一形，不得食「五辛、酒、肉、葫荾(同「胡荾、胡蘐、胡葰、葫荾、芫荽、香荽」，俗稱「香菜」)、芸薹」，勿「婬」，清淨梵行，常念觀世音菩薩名號。
(2)「齋戒」一心者。誦此咒滿十萬遍已，滅八萬億劫生死重罪。若滿二十萬遍，命終生無量壽國。面見觀世音菩薩得四果位。乃至三十萬遍已上，功德不可思議不可度量，後身成菩薩道漸進成佛。

東晉・竺難提(晉言法喜)譯《請觀世音菩薩消伏毒害陀羅尼咒經》
此「陀羅尼灌頂章句」無上梵行，畢定吉祥大功德海。眾生聞者獲大安樂，應當闇誦。若欲誦之應當「持齋」，不飲酒，不噉肉……不食「興渠、五辛」。能熏之物，悉不食之。

《佛說六字咒王經》(失譯人名，今附東晉錄)

(1)若人讀誦通利，悉皆自護，眾惡不著身。若咒他者，能除彼患。誦者斷「五辛」，至心鮮潔，然後乃能行之……用此咒法……

(2)不食「五辛」，淨潔洗浴。不得「行婬」，不得「飲酒、噉肉」。

唐‧聖行沙門三昧蘇嚩(二合)羅譯《千光眼觀自在菩薩祕密法經》

(1)若欲成就如上諸法……安置尊像，作「念誦法」。燒香散花供養西方「無量壽佛」及本尊像。不作「殺、盜、婬」及「勿說他人罪」。

(2)不食「五辛」及「酒、肉」，滿三七日，誦其真言，「三洛叉遍」即得成就。

隋‧闍那崛多譯《不空羂索咒經》

若有人能一日「三時誦念」。一時三遍，受持此咒者，當斷「酒、肉、五辛」，則所得功德，日夜增長。

宋‧施護譯《佛說聖觀自在菩薩不空王祕密心陀羅尼經》

復次世尊，若有人能清淨，不食遠離「五辛」一切葷雜，於日三時中，念此「陀羅尼」三遍，一切所求皆得成就。

《金剛祕密善門陀羅尼經》(失譯人名，今附東晉錄)

(1)讚歎釋迦希有！善哉！能於娑婆生大悲心，為安天人故說是持……欲行此「善門陀羅尼」者……

(2)汝等應當憶念，如說修行，「五辛、酒、肉」所不經口。梵行居心，除捨緣務，於寂靜處，然後讀誦。

《佛說地藏菩薩陀羅尼經》

一心敬禮地藏菩薩稱名，至心「誦持此咒」，懺悔根本重罪，發菩提心。

從今始以盡未來際，不殺、不盜、不淫、不妄語、不飲酒、不食肉、不食「五辛」，受「三聚戒」。

《文殊菩薩獻佛陀羅尼名烏蘇吒》（此云滅婬慾卻我慢）
若至誠誦者，慾火漸盡。結使滅已，心得解脫。心解脫已，則得道果。是則神力功用，誠諦不虛。行此法者斷「酒、五辛、血食」。

《佛說俱利伽羅大龍勝外道伏陀羅尼經》
此咒威力，除一切不詳，降伏諸魔王……以此咒誦三七遍，靈鬼忽然之間得焚燒，斷「五辛、酒、肉」，不染「婦女」穢執。一心誦此咒，一切所求，決定得圓滿。

《西方陀羅尼藏中金剛族阿蜜哩多軍吒利法》
不得殺生、不得邪婬、不得瞋恚、嫉妬、慳貪、吝惜，不得憍慢，不得起殺害心……亦不得「食肉」，不得食「五辛」……一切所作，更無障礙，一切「咒法」與汝成就。

東晉・帛尸梨蜜多羅譯《佛說灌頂七萬二千神王護比丘咒經・卷一》
(1)佛語阿難，若有比丘樂受是典，應懸五色幡蓋，長四十九尺……
(2)「齋戒」一心，不食「五辛」，不得「飲酒」及「噉臭肉」。醍醐、酥酪，雜膩諸物悉不得食。

東晉・帛尸梨蜜多羅譯《佛說灌頂十二萬神王護比丘尼經・卷二》
佛告阿難……當專心一意，讚詠此經……「長齋菜食」，不噉「五辛」，審諦莫疑。是諸惡魔聞見此經「神咒力」故，即馳散而去，遠百千由旬不能為害。消滅不善，吉祥感應。

《七佛八菩薩所説大陀羅尼神咒經・卷一》（晉代譯，失三藏名，今附東晉錄）

(1)此陀羅尼句，恆河沙等諸佛所説。其有書寫、讀誦此「陀羅尼」者。此人恆河沙等劫，所有重罪、惡業……及以五逆，一闡提罪，悉滅無餘……

(2)淨潔洗浴，著新淨衣，不食「酒、肉、五辛」……此人所有業障罪垢悉滅無餘。

《陀羅尼雜集・卷一》（未詳撰者，今附梁錄）

此「陀羅尼」句，恆河沙等諸佛所説……淨潔洗浴，著新淨衣，不食「酒、肉、五辛」……此人所有業障罪垢悉滅無餘。

《陀羅尼雜集・卷二》（未詳撰者，今附梁錄）

是咒能令諸失心者還得正念。滅婬欲火心得清涼。除其我慢滅結使火……是則名為「大神咒力」，誠諦不虛，神力如是。斷「酒、五辛」……諸「不淨肉」，悉不得食。

《陀羅尼雜集・卷三》（未詳撰者，今附梁錄）

是大神咒，乃是過去十恆河沙諸佛所説……王於爾時，應當修行此「陀羅尼」……不食「酒、肉、五辛」，白淨「素食」……隨其所求，能滿其願。為除宿罪，令得道果。

《陀羅尼雜集・卷四》（未詳撰者，今附梁錄）

此是「阿彌陀鼓音聲王大陀羅尼」。若有比丘比丘尼清信士女，常應至誠受持讀誦如説修行……飲食「白素」，不噉「酒、肉」及以「五辛」，常修梵行。

《陀羅尼雜集・卷五》（未詳撰者，今附梁錄）

「觀世音菩薩心陀羅尼」句……若有善男子、善女人，欲行此持者。斷「酒、肉、五辛」，齋潔，滿七日已……以所求如願必得。

《阿彌陀鼓音聲王陀羅尼經》(失譯人名，今附梁錄)
此是「阿彌陀鼓音聲王大陀羅尼」。若有比丘比丘尼，清信士女，常應
至誠受持讀誦，如説修行……飲食「白素」，不噉「酒、肉」及以「五辛」，
常修梵行。

唐・若那譯《佛頂尊勝陀羅尼別法》
凡欲受持此咒者，先須畫像……畫人須清淨，不喫「葷、辛」。

唐・菩提流志譯《不空羂索神變真言經・卷十一》
修此法者，內外清潔，淨無瑕穢。如法修行，無諸虧隙……「酒、肉、
葷、辛」皆不應食。

9 食肉者，一旦見「眾生肉」的「形色」，即生起貪「滋味」之心識想，更於「肉味」而生執著，所以修行人不應食肉

劉宋・求那跋陀羅譯《楞伽阿跋多羅寶經》	元魏・菩提流支譯《入楞伽經》	唐・實叉難陀與復等譯《大乘入楞伽經》
8.(食肉者將)以(成爲)「殺生」者，(彼等若)見(眾生肉的)形(色即生)起識(心之貪想)，(更)深(於肉)味(而生執)著故，(所以修行人)不應食肉。	*8.*(復次大慧！食肉(者)，(見到眾生肉即)能(生)起「色力」(之貪想)，食(肉)味之(人)，多(生)貪著(心)。 應當諦觀一切世間(眾生)，(皆)有(其)身命者，各自寶重(寶貴尊重其命)，(怖)畏於「死苦」。 (所有的眾生皆)護惜(自己的)身命，人(與)畜(皆)無別(無有例外之分別)。 寧(可)當樂存(於全身像)「疥癩」(的)「野干」(狐狼，似狐，身較小)身(至少我想繼續的活著，不想被殺掉而吃)，(亦)不能(因此)「捨命」(被吃，就算可以得)受諸天(身之)樂。何以故？ (天人身仍有)畏(於)生死(之)苦故。 (我寧可繼續當全身長滿疥癩的一隻野干，也不想被殺而吃；就	*8.*大慧！夫食肉者，(一旦)見其(眾生肉的)形色，則已(即)生於貪「滋味」(之)心。 菩薩「慈念」(於)一切眾生，猶如「己身」，云何見之(眾生諸肉的形色)，而作「食」想？是故菩薩不應食肉。

算被殺能獲得「天身」之樂，我也不願意的，因為「天人身」仍無法解脫，對「生死」仍有怖畏的啊)

大慧！以是觀察，「死」為大苦，是「可畏」(之)法。(一切眾生於)自身(皆怖)畏(於)死，云何當得而(去)食他肉？

是故大慧！欲食肉者，先(應)自念(所愛的色)身，次觀眾生(亦愛於自身)，(故修行人)不應食肉。

10 食肉者，將為「諸天神」之所棄捨而遠離。食肉者，將令「口氣」生臭。食肉者，將導致多「惡夢」。食肉者，若處於樹林中時，虎狼將聞其身上有「肉香」，會馬上追嗜你，故不應食肉

劉宋・求那跋陀羅譯《楞伽阿跋多羅寶經》	元魏・菩提流支譯《入楞伽經》	唐・實叉難陀與復等譯《大乘入楞伽經》
*9.*彼食肉者，(將為)「諸天」(之)所棄，故不令(修行人去)食肉。	*9.*復次大慧！夫食肉者，諸天(神將)遠離(於你)，(更)何況(是)「聖人」(當然都棄你而去)！	*9.*大慧！夫食肉者，諸天(神將)遠離(於你)。
10.(食肉將)令「口氣」臭故，(修行人)不應食肉。	*10.*是故(修行的)菩薩，為(能常)見(到)「聖人」，當修「慈悲」，不應食肉。(有關「口氣腥臊」字，在後面第*14*)	*10.*口氣常臭。
11.(食肉將導致)多「惡夢」故，(修行人)不應食肉。	*11.*大慧！食肉之人，「睡眠」亦(會獲)苦，起(床時)時亦(會得)苦。 (食肉者)若於夢中，(將常)見種種惡，(與)驚怖毛豎(喻人之容顏或毛孔皮膚豎立驚懼)，心常不安。 (食肉者因)無「慈心」故，(缺)乏諸「善力」。	*11.*睡夢(常獲)「不安」，(待)覺(醒)已(亦生)憂悚(憂愁驚悚之心)。
12.(食肉者若處於)空間(樹)林中(時)，虎狼(將)	*12.*若(食肉者)其獨(處)在空閑之處，多為	*12.*(常有)「夜叉」惡鬼，奪其「精氣」，心

聞（其身上有肉）香（所以會追嗜你），故（修行人）不應食肉。	「非人」而伺其便。 （亦會吸引）「虎、狼、師子」亦來伺求，欲食其肉。 （食肉者）心（將）常驚怖（而）不得「安隱」。	多驚怖。

11 食肉者，將造成「貪心」不足，不能於肉食中生「厭離心」，進而飲食無節量，不能消化，增益身體負擔。腹中多有無量「惡蟲」，身多「瘡癬、惡癩」等不淨之疾病。修行人於凡所飲食時，皆應作「食子肉想」與作「服藥想」

劉宋・求那跋陀羅譯《楞伽阿跋多羅寶經》	元魏・菩提流支譯《入楞伽經》	唐・實叉難陀與復等譯《大乘入楞伽經》
13.(食肉者將)令飲食無(有)節(制而大吃大喝)，故(修行人)不應食肉。	*13.*復次大慧！諸食肉者，(其)「貪心」難(以)滿(足)，(於是飲)食不知(節)量。	*13.*(食肉者，於飲)食(常常)不知足(的大吃)。
14.(食肉者將)令修行者，(從此更)不(能於肉食中)生厭離(心)，故(修行人)不應食肉。	*14.*(於是)不能消化，(進而)增益(身體)「四大」(之負擔)，(造成)「口氣腥臊」，腹中多有無量「惡蟲」(此指肉類本具有無量的微生物細菌，現全部都到了食肉者的腸胃中了，所以自古皆言莫讓自己的腸胃成爲「眾生」的「焚化爐、墳墓」之說)，身多「瘡癬、惡癩」(等)疾病，(現)種種(之)不淨。	*14.*(於是)增長(諸多)「疾病」，易生瘡癬，恒被「諸蟲」之所唼食(吸吮)，(從此更)不能於(肉)食(中而)深生厭離(心)。
	現在(之)凡夫，不喜聞見(此食肉人)，何況(此食肉人於)未來(能獲)「無病」香潔(之)人身可得(嗎)？	

*15.*我嘗說言：(修行人於)凡所飲食(之時)，(應)作「食子肉想」(就像在吃自己兒子肉般的有罪惡感)，(應)作「服藥想」(就像在服毒藥般的有恐懼感)，故(修行人)不應食肉。	*15.*復次大慧！我說凡夫為求「淨命」，(而)噉於「淨食」，尚應生心如「子肉想」(就像在吃自己兒子肉般的有罪惡感)。	*15.*大慧！我常說言：凡所食噉(的食物時)，(皆應)作(食)「子肉想」(就像在吃自己兒子肉般的有罪惡感)，「餘食」(亦)尚然。
(若有)聽(許其)食肉者，(此乃)無有是處！	何況聽食「非聖人」(之)食？	云何而(能)聽(許如來之)弟子(去)「食肉」(呢)？
	聖人(皆)離(肉食)者，以肉能生無量諸過，失於「出世」一切(之)「功德」。	大慧！肉非美好，肉(有諸多)不清淨，生諸「罪惡」，敗(壞)諸功德，(為)諸仙聖人之所棄捨，
	云何言我聽(許)諸弟子食「諸肉血」(等)不淨等味。	云何而(能允)許(如來之)弟子食耶？
	(竟還)言：(食肉是)我(佛如來之所)聽(許)者！(此)是則謗我！	若言(食肉是如來之所允)許(之)食，此人(則是)謗我！
	大慧！我聽弟子，(應)食諸聖人所應食(之齋素)食。(此)非謂聖人(應)遠離(任何)之食(而不吃)，(齋素的)「聖食」能生無量「功	

	德」，（能）遠離諸過（失）。	
	大慧！過去、現在（之）「聖人食」者，所謂： 粳ۤ米(śāli)、 大小麥(大麥 yava。小麥 godhūma)、 豆(綠豆 mudga。豆類 māṣa。扁豆 masūra)， 種種油蜜(酥油 sarpi taila。蜜糖 madhu。石蜜 phaṇita)。 甘蔗(ikṣuka)、 甘蔗汁、 騫陀(khaṇḍa 糖)、 末干提(matsyaṇḍikā 糖漿)等，隨時得（食）者，聽（許諸）食（皆）為淨（食）。	大慧！（清）淨（的）「美食」者，應知則是： 粳ۤ米、 粟米、 大小麥豆、 酥油、石蜜。
	大慧！於未來世，（竟）有愚癡人，說種種「毘尼」（皆）言（可）得（以）「食肉」。	如是等類，此（皆）是過去諸佛（之）所許（可），（為如來）我所稱說（的食物）。
	（此乃）因（這些邪見癡人）於過去（世愛）「食肉」（之）薰習，（所以今世仍）愛著（於）肉味，（因此）隨自心（而）見作如是	（在）我（釋迦族）「種姓」中（之）諸善男女，心懷「淨信」，久植「善根」，於「身、命、財」（皆已）不生貪著，「慈

	(之邪)說。	愍」一切(眾生)，猶如己身。
	(此乃)非「佛聖人」說(肉)為「美食」。	如是之人之所應食(的素齋食物)，非諸(具有宿世)「惡習」(的)虎狼(根)性者；(其)心(之)所愛重(的肉食)。
	大慧！(此世能)不食肉者，要因「過去」(世曾經)供養(過)諸佛、種諸善根(而來)。	
	(此世)能信「佛語」，堅住(於)「毘尼」(Vinaya律)，信諸「因果」，至於「身、口」(皆)能自節量，不為世間(而)貪著諸味。	
	(甚至)見(到有)「食肉者」，(亦)能(對彼人)生(出平等無別的)「慈心」。	

日本・荻原雲來編《梵和大辭典》

matsyaṇḍikā 囡 さとうきびの煮つまった液汁；漢訳

音写 末千提 *Lank.*

日本・平川彰《佛教漢梵大辭典》

³末千提° matsyaṇḍikā

→ tsa 讀如「擦」(不捲舌)。

ts 讀如「擦」的「半音」，即「測」音。

卍若人「已食肉者」，都不可以再用肉布施給他，此將獲大過與增長邪見；更何況本來就是「吃素者」，當然更

不可能施肉給他！

北涼・曇無讖譯 北本《大般涅槃經》	劉宋・慧嚴・慧觀・謝靈運 彙整南本《大般涅槃經》	東晉・法顯・佛陀跋陀羅・寶雲共譯《佛說大般泥洹經》
㊀爾時(年輕的)迦葉菩薩白佛言：世尊！(於有)食肉之人，不應(布)施肉(於此食肉者)。何以故？我見「不食肉」者，(方)有大功德。	㊀爾時(年輕的)迦葉菩薩白佛言：世尊！食肉之人不應施肉。何以故？我見不食肉者有大功德。	㊀爾時(年輕的)迦葉菩薩白佛言：如世尊(所)說，(若於)不食肉者，而(故意施)以「肉施」，其食肉者，得無(獲)「大過」？豈不增長外道「邪見」？是故(因此而更)應立「不食肉法」！
㊁佛讚(年輕的)迦葉：善哉！善哉！汝今乃能善知我意，(所以諸)護法菩薩，(亦)應當如是。 (此喻「已有在食肉」的人，都不可以再用肉布施給他，更何況本來就是「吃素不食肉」的人呢？當然更不可能故意布施肉給他的啊！)	㊁佛讚(年輕的)迦葉，善哉！善哉！汝今乃能善知我意，護法菩薩應當如是。	㊁佛告(年輕的)迦葉：善哉！善哉！善男子！(汝果然)善察佛意，(所以諸)護法菩薩(於)法(亦)應如是。
㊂善男子！從今日始，不聽(許)「聲聞」弟子(主動)「食肉」。	㊂善男子！從今日始不聽聲聞弟子食肉。	㊂善男子！我從今日制諸弟子「不聽(主動)食肉」。
若(聲聞弟子有)受「檀越」信施(諸肉)之時，應觀是食如「子肉	若受檀越信施之時，應觀是食如子肉想。	設(或)得「餘食」，(亦)常當應作「食子肉想」。

想」。		

卍夫「食肉」者，斷「大慈」種。如來曾聽許比丘可食「三淨肉、五淨肉、九淨肉」，但「十種不淨肉」則禁吃。此皆隨事因緣而漸制之戒，戒律會因「時、地、種種因緣」下而有不同的「開遮持犯」

北涼·曇無讖譯 北本《大般涅槃經》	劉宋·慧嚴·慧觀·謝靈運 彙整南本《大般涅槃經》	東晉·法顯·佛陀跋陀羅·寶雲共譯《佛說大般泥洹經》
壹(年輕的)迦葉菩薩復白佛言：世尊！云何如來不聽(許)食肉？	壹(年輕的)迦葉菩薩復白佛言：世尊！云何如來不聽食肉？	壹云何「弟子」而聽(許)食肉？
善男子！夫「食肉」者，斷「大慈」種。	善男子！夫食肉者斷大慈種。	諸佛所說，其「食肉」者，(皆)斷「大慈」種。
貳(年輕的)迦葉又言：如來何故，先聽(許)比丘(可)食「三種淨肉」(不見殺、不聞殺、不為我而殺)？	貳(年輕的)迦葉又言：如來何故，先聽比丘食三種淨肉？	貳(年輕的)迦葉菩薩白佛言：云何世尊聽(許可)食「三種淨肉」(不見殺、不聞殺、不為我而殺)？
參(年輕的)迦葉！是三種淨肉，(乃)隨事(而)漸制。	參(年輕的)迦葉，是三種淨肉，隨事漸制。	參佛告(年輕的)迦葉：此三種肉，(皆)隨事(而逐)漸(而)制，故作是說。
肆(年輕的)迦葉菩薩復白佛言：世尊！何因緣故，(不食)「十種不	肆(年輕的)迦葉菩薩復白佛言：世尊！何因緣故十種不淨，乃至	肆(年輕的)迦葉復問：何因？

淨」(人、蛇、象、馬、豬、狗、狐、猿猴、獅子、雞,爲十種不淨之肉),乃至(於)「九種清淨」(九淨肉),而復不聽(許食用)?	九種清淨而復不聽?	佛言:有「九種受」(九淨肉要遠離),(更要遠)離「十種肉」(人、蛇、象、馬、豬、狗、狐、猿猴、獅子、雞,爲十種不淨之肉)。
佛告(年輕的)迦葉:亦是因事(而)漸次而制(定的),當知即是(完全皆)現「斷肉」義。	佛告(年輕的)迦葉:亦是因事漸次而制,當知即是現斷肉義。	佛告(年輕的)迦葉:此亦(逐)漸(而)制,當知則(完全皆)現「不食肉」也。
(五)(年輕的)迦葉菩薩復白佛言:云何如來(好像曾經)稱讚「魚肉」為「美食」耶?	(五)(年輕的)迦葉菩薩復白佛言:云何如來,稱讚魚肉為美食耶?	(五)(年輕的)迦葉菩薩又白佛言:云何世尊(好像曾經)稱歎「魚肉」以為「美食」?
善男子!我亦不說「魚肉」之屬為「美食」也。	善男子!我亦不說魚肉之屬為美食也。	佛告(年輕的)迦葉:我不說「魚肉」以為「美食」。
(陸)我說「甘蔗、粳米、石蜜、一切穀麥」及「黑石蜜、乳酪、蘇油」,(方)以為美食。	(陸)我說甘蔗、粳米、石蜜、一切穀麥及黑石蜜、乳酪、蘇油、以為美食。	(陸)我說「甘蔗、粳米、石蜜」及諸「甘果」,(方)以為「美食」。
(我)雖說應(積)畜種種「衣服」,(但我)所應(積)畜者,要是「壞色」(衣服才可),(既然衣都要以壞色為主,更)何況(怎可能叫人去)貪著是「魚	雖說應畜種種衣服,所應畜者要是壞色,何況貪著是魚肉味。	如我(雖)稱歎種種「衣服」為莊嚴具,(但我)又歎三種「壞色」之服。(是故)當知「魚肉」(乃)隨順(眾生之)貪欲,(此是)「腥穢食」

肉」味？		耳。
㊉(年輕的)迦葉復言：如來若(真)制「不食肉」者，彼五種味「乳酪、酪漿、生酥、熟酥、胡麻油」等，及諸衣服「憍奢耶衣(kauśeya 野蠶之繭的絹衣)、珂貝(白珂貝螺)皮革、金銀盂器」，如是等物，亦不應受(用)。	㊉(年輕的)迦葉復言：如來若制不食肉者，彼五種味乳酪酪漿生酥熟酥胡麻油等，及諸衣服憍奢耶衣(kauśeya 野蠶之繭的絹衣)，珂貝(白珂貝螺)皮革金銀盂器，如是等物亦不應受。	㊉(年輕的)迦葉菩薩白佛言：若世尊(真)制「不食肉」者，彼五種「乳、麻油、繒綿、珂貝(白珂貝螺)、皮革」，亦不應受(用)。
㊗善男子！不應同彼(外道)尼乾(Nirgrantha-putra)所(邪)見。	㊗善男子！不應同彼尼乾所見。	㊗佛言：異想，莫作外道尼揵子(Nirgrantha-putra)見。
如來所制(之)一切「禁戒」，各有「異意」(因時、地、種種因緣下而會有不同的意見)。	如來所制一切禁戒各有異意。	
(因這些)「異意」故，(有時會)聽食「三種淨肉」，	異意故，聽食三種淨肉，	
(因不同)異想故，(有時一定要)斷「十種肉」，	異想故，斷十種肉，	
(因不同的)異想故，一切(肉)悉斷，及自死者(壽命盡而自然死亡者之	異想故，一切悉斷及自死者。	

肉）。		

卍關於「三淨肉、五淨肉、九淨肉、十淨肉」的經論引證

開遮持犯

「開」→許可;開制;開許

「遮」→禁止;遮開;遮止。

「小乘戒法」較嚴,並無「開許」。

「大乘戒法」則本慈悲願行,與「活用」戒法之精神,時有「開許」,故稱為「開遮持犯」,此為「大乘戒」之特徵。

三淨肉

❶見:沒看見此肉乃是「為我而殺」之肉。

❷聞:從「可信之人」聽聞到此肉乃非「為我而殺」之肉。(或解作:我耳朵沒聽見牠被殺時哀叫的聲音)

❸疑:找不出有任何「為我而殺」的嫌疑之肉。

所以只要遠離「見、聞、疑」這三者,都算是「淨肉」,反之則為「不淨肉」。

五淨肉

三種淨肉之外,加上

❹「壽命盡」而「自然死亡」之鳥獸肉(自死肉)。

❺猛獸猛鳥等吃完剩下的「殘肉」(鳥殘肉)。

為五種淨肉。

九淨肉

五種淨肉之外,加上:

❻「不是為自己」所殺之肉(不為己殺)。

❼「自然死亡」經多日而「自乾」之肉(先乾)。

❽不由特定的期約而「偶然相遇」所食之肉(不期遇)。

❾非今時專門「為我而殺」的肉,乃是「前時」就已經殺好的肉。

為「九種淨肉」。

《大明三藏法數(第 14 卷-第 35 卷)》卷 27

「九淨肉」者,(於)律中但「開」(緣),(有)「不見、不聞、不疑」三種,(在)《楞嚴要解》(指宋・戒環《楞嚴經要解》一書中,又另)加「自死、鳥殘」為五種。

而此經復加「不為己」等,是為「九淨肉」也。然如來「護生戒殺」而(曾經)聽(許)比丘(可以)食此「淨肉」者,蓋因(當時古印度之)地多「砂石」,「草菜」不生之處,(故曾經)聽(許吃「九淨肉」而得)以「活命」,此亦「權巧方便」耳,若(具)「大慈」(悲心)利(益諸人萬)物(之修行人),(於「九淨肉」)皆所應「斷」,故此經復制諸比丘,悉不得食(此「九淨肉」)也。

❶不見殺:謂眼自不曾「見」其(被)殺(的過程)也。

❷不聞殺:謂耳自不曾「聞」其(被)殺(的聲音),亦不從「無信人」(之)前,(而)「聞」其語:(這些肉只)「為我故殺」也。

❸不疑為己殺:《僧祇律》云:比丘於「檀越」家,見(一隻)羊後,再往(古同「往」)彼,(則)見其「頭腳」(已)在地(上),即生「疑」而問言:前所見羊,為在何處?
若言:(這隻羊只)為(了)「阿闍黎」(你一個人而)殺,則不應食(之)。
若(改)言(說:)我(只)為「祠天」故殺(此羊),(那就此即)是名(為):「不疑為己(而)殺」也。

❹不為己殺:謂因於「他事」,或(只)為「他人」(其他的某一人)而殺,不專(是只)「為我(一人)」而殺也。

❺自死:謂非因「人」(之)故殺,亦非為「他物」之所「傷害」,乃(因)其

「命盡報終」而(自然)死(亡的肉)也。

❻鳥殘：謂於山林間，而為「鷹鷂_曷」等之所「傷害」者(所剩下的殘肉)也。

❼生乾：謂不由「湯火」而(煮)熟(的肉)，亦非(由)「鷹鷂_曷」之所「傷殘」(所剩下的殘肉)，乃因(自然)死已，(經)「日久」(而)自乾(的肉塊)也。

❽不期遇：謂不因(有特定的)「期約」(而)「偶然」相遇而食(的肉)也。

❾前已殺：謂非「今時」因「我」而殺(的肉)，乃是「前時」(就)先「已殺」(已經殺過的肉)者也(意指這些肉是「前些日子」在某些因緣下就已「殺好的肉」，但都不是為「我」殺的肉，等於我現在只是在吃「剩餘」的肉而已)。

《大般涅槃經疏》卷9〈四相品7〉(九淨肉的另解)

「九種清淨」者，即是「見、聞、疑」。各有「前、後」方便，及以「根本」。

(亦即見前、見後、聞前、聞後、疑前、疑後，以及三種根本，計為九種)

《一切經音義》卷25(九淨肉的另解)

九種清淨，就「見、聞、疑」，各有「前方便、後起」，及與「正體」，合成九種。

十淨肉

「人、象、馬、龍、狗、烏、鷲、豬、獼猴(猿)、獅子」等共十種。
亦有除了「龍、烏、鷲」之外的肉，再加「蛇、驢、狐」。
或者除了「烏、鷲、獅子」之外的肉，再加「蛇、鬼、牛」者。
以上都是屬於「十種不淨肉」，無論何時，均不可食用。

比丘可食「托缽」時或「受供養所得」之肉，除此之外，僅「生病之比丘」可自動請求「主動食肉」，其餘的則「禁止食肉」。

卍關於「生病者可吃生肉、生血」的經論引證

《摩訶僧祇律》卷 31

(1)受「生肉」者,佛住曠野,爾時六群比丘持「肉段、生魚」,為世人所嫌:云何沙門不能「乞食」?持「肉段、生魚」而行?此壞敗人,何道之有?

(2)諸比丘以是因緣,往白世尊。佛言:呼六群比丘來!

(3)來已,佛問:比丘!汝實爾不?

(4)答言:實爾。世尊!

(5)佛告諸比丘:從今日後,不聽受「生肉」!

《佛説目連問戒律中五百輕重事》卷 1〈雜事品 13〉

問:比丘噉「生肉」,犯何事?

答:犯墮!

《十誦律》卷 26

(1)佛在舍衛國,長老施越(比丘)「狂病」,受他語:噉(食)「生肉、飲血」,「狂病」當差(瘥病→病癒)。

(2)施越(比丘)語諸比丘:我(得)「狂」(病)!受他語,噉(食)「生肉、飲血」,我今當云何?……

(3)佛種種因緣「讚戒、讚持戒,讚戒、讚持戒」已,語諸比丘:從今日,若有如是病,聽噉「生肉、飲血」,應(於)「屏處」噉,莫令人見。

《四分律》卷 42

(1)爾時世尊在王舍城,時有「顛狂病」比丘,至「殺牛」處,食「生肉、飲血」,病即差(瘥病→病癒),(待其)還復「本心」,(心中深感)畏慎!

(2)諸比丘白佛,佛言:不犯!若有餘比丘有如是病,食「生肉、飲血」,病得差(瘥病→病癒)者,聽食。

《十誦律》卷 48

又問：「師子、皮肉、血筋」，得食不？

佛言：一切不得噉食。

又問：「黑鹿、皮肉、血筋」。得食不？

佛言：除「皮」，餘者得食。

又問：佛先說不得食「生肉血」，若病，「餘藥」不能治者，得食不？

佛言：得食！若「餘藥」能治差（瘥ㄔㄞˋ →病癒）者，不得食。食者，得「偷蘭遮」（sthūlātyaya即犯「波羅夷、僧殘」而「尚未成就」之罪）。

《十誦律》卷 55

問：「人肉」得食不？

答：不得！若食，得「偷蘭遮」。

問：故（意）為「殺畜生肉」可食不？

答：不得食，若食，得「突吉羅」（duṣkṛta;惡作;小過;輕垢;越毘尼。謂身、口二業所犯之過，此戒難持易犯）。

　　不淨「鳥獸肉」，不應食！若食，突吉羅。

　　「鷰肉」（古同「燕」）不應食，若食，突吉羅。

　　「鵄 鷲鳥」等肉不應食，若食，突吉羅。

　　「蝦蟆肉」不應食，若食，得突吉羅。

　　「水蛭」不應食，若食，得突吉羅。

《根本說一切有部毘奈耶藥事》卷 1

(1)時有具壽西羯多「苾芻」，遂患「風瘨ㄉㄧㄢ」（古同「癲」）……時諸「苾芻」往醫人處，問曰：賢首！有一「苾芻」，患如是病，可為處方。

(2)醫人曰：宜服「生肉」，必當得差。

(3)苾芻報曰：賢首！彼「苾芻」可是「食肉人」耶？

(4)醫人曰：聖者！此是「治風病藥」。除此藥已，餘不能療。

(5)時諸「苾芻」，以（此因）緣（而）白佛。佛言：若醫人說此為藥，「餘」（藥）不能療，應與「生肉」。

(6)時諸「苾芻」便與「生肉」，彼人眼見（生肉）而不肯食。

(7)佛言：應以物(遮)掩(其)眼，然後與「食」。時彼「苾芻」緣與，(立)即除(掉遮)掩物，然「病苾芻」見手有血，遂便「歐逆」(嘔吐)。

(8)佛言：不應(立)即除(掉)繫(縛之)物。待彼食訖，淨洗手已，別置「香美」飲食，方可除其(所)掩繫(之物)，而告之曰：汝應食此「美食」，病可得差(瘥痛 ➡ 病癒)。

(9)(待病)差(瘥痛 ➡ 病癒)已，(此病比丘)每憶斯藥。

(10)時諸「苾芻」以(此因)緣(又)白佛，佛言：若病(已)差(瘥痛 ➡ 病癒)已，(應)如常順行(只能吃生肉)，(若)違者，得「越法罪」。

《善見律毘婆沙》卷15〈舍利弗品〉

若鬼病，須「生肉、生血」得差(瘥痛 ➡ 病癒)，聽(許)服(用)，唯除「人血」不得服(用)。

卍食肉者，若行、若住、若坐、若臥，一切眾生聞其「肉氣」，皆悉生恐怖心。菩薩不習「食肉」，為度眾生而「示現」食肉，雖食其實「不食」

北涼·曇無讖譯 北本《大般涅槃經》	劉宋·慧嚴·慧觀·謝靈運彙整南本《大般涅槃經》	東晉·法顯·佛陀跋陀羅·寶雲共譯《佛說大般泥洹經》
		壹(年輕的)迦葉菩薩白佛言：世尊！今當云何？
貳(年輕的)迦葉！我從今日，制諸弟子，不得復食一切肉也。	貳(年輕的)迦葉，我從今日制，諸弟子不得復食一切肉也。	貳佛告(年輕的)迦葉：善男子！我從今日，制諸弟子，不聽食「三種淨肉」，及(遠)離「九種受(九淨肉)、十種肉」，乃至「自死」(之肉)一(切肉皆)不得食。

㊂(年輕的)**迦葉**！其食肉者，若行、若住、若坐、若臥，一切眾生聞其「肉氣」，(皆)悉生「恐怖」。	㊂(年輕的)**迦葉**，其食肉者，若行、若住、若坐、若臥，一切眾生聞其肉氣，悉生恐怖。	㊂所以者何？其「食肉」者，若行住坐臥，一切眾生(所)見，皆(對此人生)怖畏(心)。
譬如有人，(靠)近師子已，眾人見之，(便)聞師子臭，亦生恐怖。	譬如有人近師子已，眾人見之，聞師子臭，亦生恐怖。	
㊃善男子！如人噉「蒜」，臭穢可惡，餘人見之，聞「臭」(便)捨去。設遠見者，猶不欲視，況當(靠)近之。	㊃善男子！如人噉蒜，臭穢可惡，餘人見之，聞臭捨去。設遠見者，猶不欲視，況當近之。	㊃(會)聞其(人之)殺氣，如人食「興蕖」及「蒜」，若入眾會，悉皆(被)「憎惡」。
㊄諸「食肉」者，亦復如是，一切眾生聞其(身上有)「肉氣」，悉皆恐怖，生「畏死」(之)想，(所有)「水、陸、空」行有命之類，悉捨之(而狂)走，咸言：此(食肉)人是我等(之)怨(仇)。	㊄諸食肉者亦復如是，一切眾生聞其肉氣，悉皆恐怖，生畏死想，水陸空行有命之類，悉捨之走，咸言：此人是我等怨。	㊄其食肉者，亦復如是，一切眾生，聞其「殺氣」，(即生)恐怖畏死(心)，(所有)「水、陸、空」行有命之類，見(食肉者)皆(悉)馳走。
是故菩薩不習「食肉」，為度眾生(而)「示現」食肉，雖(示)現食(肉)之，其實「不	是故菩薩不習食肉，為度眾生示現食肉，雖現食之，其實不食。	是故菩薩未曾「食肉」，為(度)化眾生(而)隨時(而示)現食(肉)，其實「不食」。

食」。 善男子！如是菩薩，(於)清淨之食猶尚「不食」，況當「食肉」。	善男子！如是菩薩清淨之食猶尚不食，況當食肉。	

卍佛生前允許比丘可食「三淨肉、五淨肉、九淨肉」。但佛臨涅槃時，又改云「禁一切肉，悉不應食」。戒律有「開遮持犯」，此即佛能以「反向方式」或「正向方式」而隨眾生問答而制戒

北涼‧曇無讖譯 北本《大般涅槃經》	劉宋‧慧嚴‧慧觀‧謝靈運彙整南本《大般涅槃經》	東晉‧法顯‧佛陀跋陀羅‧寶雲共譯《佛說大般泥洹經》
壹爾時，(年輕的)迦葉復白佛言：世尊！諸「比丘、比丘尼、優婆塞、優婆夷」，因他而活。若乞食時，得(夾)雜肉食，云何得食？應清淨法？	壹爾時，(年輕的)迦葉復白佛言：世尊！諸比丘比丘尼，優婆塞優婆夷，因他而活。若乞食時得雜肉食，云何得食應清淨法？	壹(年輕的)迦葉菩薩白佛言：世尊！若有國土，多「食肉」者，一切「乞食」皆悉(夾)雜肉(類)，諸「比丘、比丘尼、優婆塞、優婆夷」，云何於中應「清淨命」？
貳佛言：(年輕的)迦葉！當以水洗，令(食物)與肉(有)別，然後乃食。 若其「食器」為肉所污，但使「無味」，聽用，無罪。	貳佛言：(年輕的)迦葉，當以水洗令與肉別然後乃食。 若其食器為肉所污，但使無味聽用無罪。	貳佛告(年輕的)迦葉：善男子！若食(夾)雜肉(類)，應著(於)水中，(令)食(物)與肉(有)別，然後可食，非「越比尼」(duṣkṛta；突吉羅；惡作；小過；輕垢；越毘尼。謂身、口二業所犯之過，此戒難持易犯)。

㊂	㊂	㊂（年輕的）**迦葉菩薩**復白佛言：若「食」與「肉」（已）不可分者，此當云何？
若見食中多有肉者，則不應受，一切（所顯）現（之）肉，悉不應食，食者得罪。	若見食中多有肉者，則不應受，一切現肉悉不應食，食者得罪。	佛告（年輕的）**迦葉**：善男子！若常「食肉國」，一切食（物）皆有肉（顯）現（出），我聽（許）却肉（塊而）去（肉）汁，（先破）壞其（肉之）「本味」，然後可食，若「魚、鹿肉」等，（當）自分（別而）可知，（若）食者得罪。
㊃我今唱是「斷肉」之制，若廣說者，即不可盡，「涅槃」時（已）到，是故略說，是則名為能（以反向方式或正向方式而）隨問答。	㊃我今唱是斷肉之制，若廣說者則不可盡，涅槃時到是故略說，是則名為能隨問答。	㊃我今日說（遇有）「有因緣」者，（則）制「不食肉」，（遇）「無因緣」者，因（而宣）說《大般泥洹》，亦復制令不應「食肉」，是名能（以反向方式或正向方式而）隨問答。

12 過去世有<u>師子奴</u>王，因貪著於食肉，乃至食人肉，後遭「親人」與「人民」捨離背叛，最終亡失王位與喪命

劉宋・求那跋陀羅譯《楞伽阿跋多羅寶經》	元魏・菩提流支譯《入楞伽經》	唐・實叉難陀與復等譯《大乘入楞伽經》
*16.*復次<u>大慧</u>！過去有王名<u>師子蘇陀娑</u>(siṃha-saudāsa)。	*16.*<u>大慧</u>！我憶過去有王名<u>師子奴</u>(siṃha-saudāsa)。	*16.*<u>大慧</u>！過去有王名 <u>師 子 生</u> (siṃha-saudāsa)。
(此王貪)食種種肉，遂至食人(肉)。	(此王)食種種肉，愛著肉味，次第乃至食於「人肉」。因食「人肉」，(所以其)父母、兄弟、妻子眷屬，皆悉捨離(此國王)。	(此王)耽著(於)「肉味」，食種種肉。如是不已(不能滿足已)，遂至食人(肉)。臣民不堪，悉皆離叛(此國王)。
臣民不堪，即便謀反(叛變)，(砍)斷其(國王之)奉祿(奉古通「俸」➔薪俸利祿)。	一切臣民、(及)國土聚落(人民)，即便「謀反」，(欲)共斷其(王)命。	(後來此王即)亡失(其)「國位」，受大苦惱。
以食肉者，有如是過(患)，故(修行人)不應食肉。	以食肉者，有如是(之)過(患)，是故(修行人)不應食一切肉。	

13 「毘首羯磨」天神化作「鴿身」。釋迦佛前生為尸毘王，捨身餵「帝釋天」所變的「鷹身」

劉宋・求那跋陀羅譯《楞伽阿跋多羅寶經》	元魏・菩提流支譯《入楞伽經》	唐・實叉難陀與復禮等譯《大乘入楞伽經》
	復次，大慧！(有一位)「自在天王」(即指毘首羯磨天神Viśvakarman)化身為「鴿」，釋提桓因是(此「自在天王」之)諸「天主」，(釋提桓因)因於過去(的)「食肉」習氣，(便)化身作「鷹」，驚逐此(由毘首羯磨天神所變現的)鴿(子)，鴿來投(奔於釋迦)我(身上)。	大慧！釋提桓因處(於)「天王位」(時)，以(釋提桓因)於過去(的)「食肉」餘習，(於是)變身為(老)鷹，而(追)逐於(由毘首羯磨天神所變現的)鴿(子)。
	(釋迦)我於爾時(是)作尸毘王(Śibi;Śivi;Śivin)，(我為了)憐愍眾生(都是)更(互)相食噉，(於是我便)稱(指以「磅秤」去秤自)己(的)身肉，(給)與(老)鷹(作為食物)，(來)代(替)鴿(子的生命)，(後來因為我所)割(的)肉不足(與鴿子的重量相等)，(於是我便以)身(體的所有重量舉)上「秤上」(攀援「磅秤」而上，「磅秤」之另一端所繫的「金屬盤」是裝所秤物用的)，(我身為了行菩薩道故)受(此)大苦惱。	(釋迦)我(於爾)時作王，名曰尸毘(Śibi;Śivi;Śivin)，(為了)愍念其鴿(會被老鷹所食)，(故我便)自割「身肉」以代其(鴿子的生)命。
	大慧！如是無量世來，	大慧！「帝釋」(宿世的)

	（眾生皆有）食肉（的）熏習，（於）自身、（於）他身（皆）有如是過（失），何況無愧（無慚者）、（經）常食肉者？	「餘習」尚（會）惱（亂）眾生，（更何）況（其）餘無慚（無愧者）、常食肉者？當知食肉，（為）自惱、惱他，是故（發心修行的）「菩薩」，不應食肉。

「毘首羯磨」天神化作「鴿身」。釋迦佛前生為尸毘王，捨身餵「帝釋天」所變的「鷹身」

相關演講介紹：

毘首羯磨天神(果濱設計)

https://drive.google.com/drive/folders/18cidPOFLK3ZKzZZ1Te8PWop22d
HVVCyh?usp=sharing

《眾經撰雜譬喻》卷 1

(1)菩薩（所修的）「布施」，（乃）不惜「身命」。如（往）昔（的）尸毘王（Śibi;Śivi;Śivin），以「身」（佈）施（於）「鴿」，「天帝釋」故往試之，知（此人是否真）有「菩薩志」不？

(2)（天帝）釋（即）語毘首羯磨天（神）：汝作「鴿」身，我當作「鷹」逐汝，汝便佯（無）怖（佯裝成恐怖），（飛）入（尸毘）王（的）腋下。

(3)俄（而）毘首（羯磨天神）即自返（轉自）身（而）作「鴿」（身），（天帝）釋（則）返（轉自）身作「鷹」（身），（此鷹即）急飛（而追）逐「鴿」，「鴿」（便）直入（尸毘）王（之）腋下，舉身「戰怖」。

(4)是時鷹（即）住樹上，語（尸毘）王言：汝還我「鴿」，此是我（的）食（物），非

是汝有。

(5)_(尸毘)王言：我_(爲)初發意_(之菩薩)，欲救一切眾生，欲令度苦。

(6)鷹言：_(尸毘)王_(乃)度一切_(的)眾生，我_(乃)是一切「眾生」_(之)數_(中)，何以獨不見「愍」而奪我_(我)食_(物)耶？

(7)_(尸毘)王答言：汝須何食？

(8)鷹言：我作誓，_(只)食新殺_(的)血肉。

(9)菩薩言：我作誓，_(只要有)一切眾生來歸_(附於)我者，_(我便)一心「救護」，令_(彼)不遭難。汝須何食？當相給與。

(10)鷹言：我所食者，新殺_(的)血肉。

(11)_(尸毘)王即念言：此亦難得，自非「殺生」，則無由得_(此肉)，_(可是)云何殺一_(生命而給)與_(另)一_(生命去食用呢)？

(12)_(尸毘王)思惟心定，即呼人來：持刀自割「股肉」與鷹_(吃)。

(13)鷹語_(尸毘)王言：唯_(汝)以_(身)「肉」與我，當以_(同等的)「道理」，令_(身)肉_(亦)與「鴿」，_(以)「輕」_(或)「重」_(來達到完全)正等_(的方式來分肉)，_(請您)勿「見欺」也。

(14)_(尸毘)王言：持「秤」_(磅)來，_(即)以_(自身)「肉」對「鴿」_(而一起秤重)。「鴿」身_(竟然)轉_(而變)重，_(尸毘)王肉_(則愈)轉輕。_(於是尸毘)王_(下)令割「二股肉」盡，亦輕_(而)不足，次_(再)割「兩臗、兩乳、胸背」，_(最終)舉身肉盡，鴿身猶_(是更爲)重。是時_(尸毘)王_(只好)「舉身」_(舉體全身)欲上_(秤盤之後)，乃與_(此)鴿_(重量相)等。

(15)鷹_(此時即)語_(尸毘)王言：大王！_(我看你)此事難辦_(難以辦成)，何用如此？以「鴿」_(歸)還_(於)我_(吧)！

(16)_(尸毘)王言：「鴿」來歸_(附於)我，終不_(再)與汝。我_(於)前後喪「身」不少，_(我於最)初_(即)不為「法」而有_(所任何的)愛惜，今欲求佛，_(因爲全身肉盡，無力再自割身肉，於是)便_(更)「扳」_(古同「攀」)稱上_(攀援「磅秤」而上，「磅秤」之另一端所繫的「金屬盤」是裝所秤物用的)，_(此)心_(決)定無悔。

(17)諸天龍神一切人民皆共讚言：_(此尸毘王竟能)為一「小鴿」，_(被老鷹)酸毒乃爾_(而喪失身肉)，是事_(爲)希有。

(18)_(於是大)地為大動，毘首_(羯磨天神)讚善：大士_(乃)真實不虛，始是一切眾生_(之)「福田」。

(19)(天帝)釋及崑首(羯磨天神即)還復(原本的)「天身」，即令(尸毘)王身(之肉)，還復「如」故。(尸毘王之)求道如此，乃可得佛(即後來之釋迦牟尼佛)。

《賢愚經》卷1〈梵天請法六事品1〉

(1)崑首羯摩(天神)白「天帝」言：今「閻浮提」有大國王，行菩薩道，名曰尸毘(Śibi;Śivi;Śivin)，志固精進，必成佛道。宜往投歸，必能覆護，解救危厄。

(2)天帝復白：若是「菩薩」，當先試之，為至誠不？汝(崑首羯磨天神)化為「鴿」，(天帝釋)我變作「鷹」，急追汝後，相逐詣彼(尸毘)大王坐所，便求擁護，以此試之，足知真偽……

(3)崑首羯摩(天神)自化為「鴿」，「帝釋」作「鷹」，急追鴿後，臨欲捉食。時鴿惶怖，飛趣大王，入(尸毘)王腋下，歸命於(尸毘)王。

(4)鷹尋後至，立於殿前，語大王言：今此鴿者，是我之食，來在王邊，宜速還我，我飢甚急。

(5)尸毘王言：吾本誓願，當度一切，此來依我，終不與汝……

(6)(尸毘王)即取利刀，自割股肉，持用與鷹，貿(易交換)此鴿命……復割「兩臂、兩脇」，(尸毘王之)「身肉」都盡，故(重量仍然)不(能相)等(於)鴿。

(7)爾時(尸毘)大王，舉身(舉體全身)自起，(整個人)欲上「稱盤」(「盤秤」另一端所繫的「金屬盤」，裝所秤物之用)，(但)氣力不接，失跨(而)墮地，悶無所覺，良久乃穌……

(8)是時天地「六種」震動，諸天「宮殿」皆悉傾搖……菩薩行於難行，傷壞軀體，心期大法，不顧身命，各共啼哭，淚如盛雨，又雨天華而以供養。

(9)爾時「帝釋」還復「本形」，住在(尸毘)王前……天帝復言：汝(尸毘)今「壞身」，乃徹「骨髓」，寧有「悔恨意」耶？

(10)(尸毘)王言：無也。

(11)天帝復曰：雖言「無悔」，誰能知之？我觀(尸毘)汝身，戰掉不停，言氣斷絕，言「無悔恨」，以何為證？(修行人就是要堅持「無怨無悔」才對)

(12)(尸毘)王即立誓：我從始來，乃至於今，無有(任何)「悔恨」大如「毛髮」(之許)，我所「求願」，必當「果獲」。至誠不虛，如我言者，令吾「身

體」，即當平復。

(13)作誓已訖，(尸毘王)身便平復，倍勝於前……尸毘王(Śibi;Śivi;Śivin)者，今(釋迦)佛身是也。

《大莊嚴論經》卷12

(1)毘首羯磨(天神)言：我等今當而往「試看」(此人尸毘王的菩薩心是否真實)，若實「不動」，當(對彼廣)修「供養」。

(2)爾時「帝釋」為欲觀察(此尸毘王修行的)「菩薩心」故，(天帝釋)自化作「鷹」，(即)語毘首羯磨(天神)：汝化作鴿。

(3)時毘首羯磨(天神)即化作「鴿」，身如「空青」(天空青色)，眼如「赤珠」，向「帝釋」所……

(4)爾時「化鴿」(即為)為「鷹」所逐，「鴿」現恐怖(相)，於大眾前，(即飛)來入尸毘王(的)腋下，其(鴿身之)色「青綠」，如「蓮花葉」，其光赫奕，如黑雲中「虹」。

《大智度論》卷4〈序品1〉

(1)說此偈竟，毘首羯磨(天神)即自變身作一「赤眼、赤足」(之)「鴿」；「釋提桓因」(則)自變身作一「鷹」，急飛(而追)逐(此)「鴿」。鴿直來入(尸毘)王(之)掖底，舉身戰怖，動眼促聲……

(2)是時「鷹」在近樹上，(即)語尸毘王(Śibi;Śivi;Śivin)：還與我「鴿」，此我所(之所)受(的食物)！

(3)(尸毘)王時語鷹：我(於)前(已)受此(鴿子)，(此)非是汝(所)受(的食物)；我(於)「初發意」時受此，一切眾生皆欲「度」之。

《大智度論》卷35〈報應品2〉

(1)爾時毘首羯磨天(神)白釋提桓因言：尸毘王(Śibi;Śivi;Śivin)「苦行」奇特，世所希有！諸智人言：是人不久當得「作佛」！

(2)「釋提桓因」言：是事難辦！何以知之？如「魚子、菴羅樹華、發心菩薩」，是三事，因「時」雖多，「成果」甚少。今當試之！

(3)「帝釋」自化為「鷹」，毘首羯磨(天神)化作「鴿」，「鴿」投於(尸毘)王，(尸

(毘)王自割「身肉」(餵老鷹)，乃至舉身(舉體全身欲)上「稱」(磅秤)以代「鴿命」，(大)地為(之)震動。

《菩薩本行經》卷3

佛言：我為尸毘王(Śibi;Śivi;Śivin)時，為一(毘首羯磨天神所變現的)「鴿」故，(而自)割其「身肉」，興立誓願，(願)除去一切眾生(之)危嶮。

《師子素馱娑王斷肉經》卷1

(1)過去「阿僧祇」劫，「釋提桓因」處(於)忉利宮，以於過去「食肉」(之)餘習，「變身」為「鷹」，而逐於(毘首羯磨天神所變現的)「鴿」。

(2)(釋迦)我時作王，名曰尸毘，愍念其鴿(被鷹所追逐)，(於是以「磅秤」去)「秤」身「割肉」，代「鴿」(而)償命。

(3)(所謂的)尸毘王者，(釋迦)我身是也。

《菩薩本生鬘論》卷1

尸毘王救鴿命緣起第二

(1)佛告諸比丘：我念「往昔」無量阿僧祇劫，(於)閻浮提中有大國王，名曰尸毘(Śibi;Śivi;Śivin)……是時三十三天「帝釋天主」，五衰相貌，(思)慮將「退墮」。

(2)彼(天帝釋)有「近臣」(名曰)毘首(羯磨天神)天子……(毘首羯磨天神)復白「天主」：今閻浮提有尸毘王，志固精進，樂求佛道，當往歸投(歸依投效)，必(能)脫是難。

(3)「天帝」聞已，審為實不？若(尸毘王真)是「菩薩」，今當(來)試(驗)之。

(4)(天帝釋)乃遣毘首(羯磨天神)變為一「鴿」，(天帝釋)我化作「鷹」，(鷹追)逐(鴿子)至(尸毘)王所，求彼救護，(即)可驗其(是否真)誠？……

(5)佛告大眾：往昔之時尸毘王者，豈異人乎？(釋迦)我身是也。

元魏·菩提留支《入楞伽經》卷8〈遮食肉品16〉

(1)復次，大慧！(有一位)「自在天王」(即指毘首羯磨天神)化身為「鴿」，釋提桓因是(此「自在天王」之)諸「天主」，(釋提桓因)因於過去(的)「食肉」習氣，(便)

化身作「鷹」，驚逐此(由毘首羯磨天神所變現的)鴿(子)，鴿來投(奔於釋迦)我(身上)。

(2)(釋迦)我於爾時(是)作尸毘王(Śibi;Śivi;Śivin)，(我爲了)憐愍眾生(都是)更(互)相食噉，(於是我便)稱(指以「磅秤」去秤自)己(的)身肉，(給)與(老)鷹(作爲食物)，(來)代(替)鴿(子的生命)，(後來因爲我所)割(的)肉不足(與鴿子的重量相等)，(於是我便以)身(體的所有重量舉)上「秤上」(攀援「磅秤」而上，「磅秤」之另一端所繫的「金屬盤」是裝所秤物用的)，(我身爲行菩薩道故)受(此)大苦惱。

(3)大慧！如是無量世來，(眾生皆有)食肉(的)熏習，(於)自身、(於)他身(皆)有如是過(失)，何況無愧(無慚者)、(經)常食肉者？

唐・實叉難陀《大乘入楞伽經》卷 6〈斷食肉品 8〉

(1)大慧！釋提桓因處(於)「天王位」(時)，以(釋提桓因)於過去(的)「食肉」餘習，(於是)變身為(老)鷹，而(追)逐於(由毘首羯磨天神所變現的)鴿(子)。

(2)(釋迦)我(於爾)時作王，名曰尸毘(Śibi;Śivi;Śivin)，(爲了)愍念其鴿(會被老鷹所食)，(故我便)自割「身肉」以代其(鴿子的生)命。

(3)大慧！「帝釋」(宿世的)「餘習」尚(會)惱(亂)眾生，(更何)況(其)餘無慚(無愧者)、常食肉者？當知食肉，(爲)自惱、惱他，是故(發心修行的)「菩薩」，不應食肉。

14 斑足王以過去世「食肉」之薰習，待今世轉生作「人王」時，亦好食肉，甚至食「人肉」，後來所生的諸男女，盡皆為「羅剎」類的眾生

劉宋·求那跋陀羅譯《楞伽阿跋多羅寶經》	元魏·菩提流支譯《入楞伽經》	唐·實叉難陀與復禮等譯《大乘入楞伽經》
	大慧！復有(其)餘(的國)王，(為)不食肉者。(此國王有一天)乘馬遊戲，為馬「驚波ㄣ」(馬兒受驚於山險。「波」古通「陂」ㄣ，即指「山坡」的意思，如北魏·鄘道元《水經注·漯水》云：泉發於山側，沿「波」歷澗，東北流出山)，(於是被)牽(引而)入(於)深山。	大慧！昔有一王，乘馬遊獵，馬(受)驚(而)奔逸，(於是亂)入於山險(中)。既無歸路，又絕人居，(時)有(一隻)「牝ㄆㄧㄣˋ師子」，(國王遂)與(此雌獅子)同遊處，遂行「醜行」(指人獸欲事)，(竟)生諸「子息」，其最長者，名曰斑足。
	(後來國王便)失於「侍從」，不知歸路，(因此國王)不食肉故，(所以)師子、虎、狼見(此國王竟)無(生)害心。	後(此由半獅半人所生)得(之子亦)作(國)王，領(眾住在名為)七億家(中)，(但此斑足王因)食肉(之)餘習，(所以無肉不歡)非肉不食。
	(後來此國王竟)與「雌師子」共行「欲事」，乃至生「子」，(名為)斑足王等。	(斑足王最)初食「禽獸」，後乃至(開始吃)人(肉)，(其)所生(之)男女，悉(皆)是「羅剎」(類的眾生)。
	(此斑足王)以過去世「食肉」(之)薰習，及(轉生)作「人王」(時)，亦常食肉。	(待此斑足王)轉(捨)此身已，(來生)復(又轉)生(作回)「師子、豺狼、虎豹、鵰鷲」等(身)中。
	(此斑足王便住)在七家村	

	（中），多樂（於）食肉，（因）食肉太過（份），遂食（起）「人肉」。（後來）生諸男女，盡（皆）為「羅剎」（類的眾生）。	（斑足王）欲求（得）「人身」，終不可得，況（想）出「生死」（而求得）「涅槃」之道？

15 凡是喜好「食肉」的眾生，皆依於過去「食肉」之薰習造成。修行人寧受飢餓苦，亦不生「惡心」而食肉，將來「人身」尚難得，更何況能得「涅槃」道嗎？

劉宋·求那跋陀羅譯《楞伽阿跋多羅寶經》	元魏·菩提流支譯《入楞伽經》	唐·實叉難陀與復禮等譯《大乘入楞伽經》
	大慧！(凡是喜好)食肉(的)眾生(皆)依於過去「食肉」(之)薰(習)故，(今世)多生「羅剎、師子、虎、狼、豺豹、貓狸、鴟、梟_{ㄒㄧㄠ}、鵰鷲、鷹鷂_{ㄧㄠ}」等中。	
	(凡是)「有命」之類，(皆)各自「護身」(護自己身命)，不令(他人)得便。	
	(修行人寧)受飢餓苦，(也不要)常生「惡心」，(念)念(想)食「他肉」，(食肉的果報將於)命終復墮(入)「惡道」(中)受生。人身難得；何況當有(能)得「涅槃」道(嗎)？	
	大慧！當知食肉之人，有如是等無量諸過(失)，不食肉者，即是(具有)無量「功德」之聚。	大慧！夫食肉者，有如是等無量(的)過失，(如果能)斷(肉)而不食(肉)，(將)獲大功德。
	大慧！而諸凡夫不知如是食肉之過(失)，(與)不食	凡愚不知(食肉)如是(之)損、益，是故我今為汝開

	(肉的)功德。(故)我今略說(此理)，(如來乃)不聽(許修行人)食肉(的)。	演，凡是肉者，悉(皆)不應食。

16 凡殺生者，多為人想食肉。若人不食肉，則亦無「殺生」事。是故「食肉」與「殺生」乃同罪的

劉宋·求那跋陀羅譯《楞伽阿跋多羅寶經》	元魏·菩提流支譯《入楞伽經》	唐·實叉難陀與復等譯《大乘入楞伽經》
17.復次大慧！凡諸(好)殺(生)者，(皆)為(謀求)「財利」，故(去)殺生(害命而)屠販(這些眾生肉)。	17.大慧！若一切人(皆)不食肉者，(則)亦無有人(會去)殺害眾生。由人(都在)食肉(時)，若無可食(肉時)，(則便)處處求買(肉)。	17.大慧！凡殺生者，多為人(想)食(肉)。若人不食(肉)，亦無殺(生)事。是故「食肉」與殺(生乃)同罪(的)。
彼諸愚癡(的殺生者)，(為了想)食肉(的)眾生，以(為了賺取金)錢(而)為網(羅眾生)，而(為)捕(捉)諸(眾生)肉。	(有)為財利者，(則)殺(肉)以販賣，(所以)為(了欲)買(肉)者(而)殺(生)。是故買(肉)者，與殺(生者)無異(都一樣獲罪)，是故食肉能障「聖道」。	
彼(好)殺生者，若以「財物」、若以「鉤網」，取彼「空行、水、陸」(的)眾生，(以)種種「殺害」(而)屠(害)販(賣)求(取財)利。	大慧！食肉之人，愛著(於)肉味，至(若)無「畜生」(肉可食)，乃(至去)食人肉。	奇哉！世間(人)貪著「肉味」，(乃至於)人身有肉(者)，尚(敢)取(而)食之；(更何)況於鳥獸(之肉)，有不(敢去取)食者(嗎)？
大慧！亦無「不教、不求、不想」，而(便自然會)有魚肉(可吃的事情)！ (沒有「不去教令他人就能自然取得魚肉」者。 沒有「自己不主動去求取魚肉」者。	(食肉之人更)何況(於)「麞^ʒ鹿、雉、兔、鵝、鴈、豬、羊、雞、狗、駝、驢、象、馬、龍、蛇、魚、鱉」，(凡是於)水(中)、(於)陸(中)有(生)命(者)，(沒有)得而	

沒有「自己不想去吃魚肉」者。自然就能獲得魚肉來吃的。 也就是一位想吃魚肉者： ①必定要教令他人而去取得這些魚肉。 ②必定是自己主動想去求取魚肉的。 ③必定是自己想吃魚肉的） 以是義故，（修行人）不應食肉。	不食(的)！ 由(於執)著(於)「肉味」，設諸方便(而去)殺害眾生。 (於是)造作種種「罝罝羅」(禽罝羅捕)機網(機檻羅網)，羅山(罩羅於滿山)罝𡉏地(𦔮置於滿地)，截河(截斷河流)堰𡉏海(造河壩渠堰於大海)。 遍諸(於)水陸，(到處)安置「罦𡉏網」(撩罦魚網)，(用)機撥(弩機撥動)，(設置)坑塯𡉏(坑阱穴塯)，(以)弓刀(弓矢刺刀)、毒箭， (於所有的空)間(都)無空(虛之)處，(於)虛空、(或於)地、(或於)水，(有)種種眾生，皆(無有不)被殺害(者)，(只)為(了)食(彼)肉(之)故。	以(眾生)「貪味」，故廣設(種種)方便(捕抓眾生)， (放置)罝𡉏羅(禽罝羅捕)、(設)網罟(魚網撩罟)，(於)處處(皆)安施(安置施作)。 (於)水、(於)陸、(於)飛行(的眾生)，皆(無有不)被殺害(者)。 (假)設自(己)不食(肉)，為(了)貪(販賣肉類之金錢)「價直」而作是(殺生)事。

17 「食肉」者乃斷「大慈」種。如來我曾經有聽許過「聲聞」人，可食「三淨肉」，所以我並沒有允許「聲聞」弟子們可以「光明正大」的食肉。若我真有聽許的話，如來我則非是一位住於「慈心」者、修「觀行」者、行頭陀者、趣向「大乘」者

劉宋·求那跋陀羅譯《楞伽阿跋多羅寶經》	元魏·菩提流支譯《入楞伽經》	唐·實叉難陀與復禮等譯《大乘入楞伽經》
	大慧！(所有的)「獵師、屠兒、食肉人」等，(都是爲)「惡心」堅固(者)，能行(而)不(具有)「忍」(心者)。 (「忍心」在佛經上的使用是指「慈忍」的一種愛心、慈悲心。相對的，不具有「忍心」者，就是指沒有「忍心」的人，那就會成爲「殘忍、兇暴」者)	大慧！世復有人，心無「慈愍」，專行慘暴(慘毒殘暴)，猶如「羅刹」(一樣)。
	見諸衆生，形體鮮肥(鮮美肥嫩)，膚肉(皮膚血肉)充悅(充壯而令人嗜悅)，(便)生食(肉)味(之)心。更相指示言：(此)是可噉(之肉)，(竟)不生(出)一念(的)「不忍之心」(此「不忍之心」四字應另作「憐憫心、同情心」之解，與上文之「不忍」二字意義不同)。	若見衆生其身充盛(充壯旺盛)，便生「肉想」，言此：(爲)可食(者)！
	是故我說「食肉」之人(乃)斷「大慈」種。	
	大慧！我觀世間，無有	大慧！世(間)無有肉，

是「肉」而（來自於）「非命」者。

❶自己不（去親手）殺（生而得肉）。

（自殺：指你自己親手去殺生所得來肉）

❷不（是）教（他）人（去）殺他（肉而給自己吃）。

（他殺：教他人去殺生所得來的肉）

❸（心中完全）不（懷疑這是別人專）為（你所）殺（的肉）。

（所有的肉都）不（必）從（任何的有）「命」來；而是（爲自己本身就獨立存在的）肉（來）者。

（此乃）無有是處！

（如果眞有這種肉的存在的話，那就是現在的「人造科技肉」了唷~）

若有是肉，（且）不從（任何的有）命（而）出，而（果眞有）是「美食」，我以何故（而）不聽（許）人食（此肉呢）？

遍求世間，（絕對）無如是（不從「有命」而來的）肉（啊）！

是故我說食肉是（有）罪（的），斷「如來」種，故不聽（許）食（肉）。

大慧！我（於）「涅槃」後，於未來世，法欲滅

---

❶非是（你親）自（去）殺（生而得肉）。

（自殺：指你自己親手去殺生所得來肉）

❷亦非（來自於）「他殺」。

（他殺：教他人去殺生所得來的肉）

❸心（中完全）不（懷）疑（別人是專爲你所）殺（的肉），

而可食者。

以是義故，我（於最初講法時，曾經有聽）許（過）「聲聞」（人），（可）食如是（所說的三淨）肉。

大慧！（於）未來之世，有愚癡（的邪）人，於我（佛如

	時，於我法中，(仍)有出家(修道)者。剃除鬚髮，自稱我是(爲出家的)「沙門釋子」，(身雖)被我袈裟，(但卻愚)癡如小兒(一般)，	來的)法中而為「出家」，
	(自己)自稱(爲)「律師」，(然後)墮於二邊(的邪見)。(以)種種虛妄(的)「覺、觀」(擾)亂(其)心，貪著(於)肉味。	
	隨自心(之邪)見，(竟)說(於)「毘尼」(Vinaya 律)中(佛有)言(可)得(以)食肉(的)！	(但卻)妄說「毘尼」(Vinaya 律)，壞亂「正法」。
	(此邪人)亦謗我(佛如來而竟)言：諸佛如來(乃有)聽(許)人食肉(的)！	(此邪人)誹謗於我，(竟)言：(諸佛如來乃有)聽(許僧眾)食肉，(如來)亦自曾食(肉)。
	(此邪人)亦說(如來有)因(某種)制(戒)而聽(許僧眾可)食肉！	
	(此邪人)亦謗我(佛如來而竟)言：如來世尊(自己)亦自食肉(類)。	
	大慧！我於《象腋ᴗ》(佛說象腋經)、《央掘魔》(央掘魔羅經)、《涅槃》(大般涅槃經)、《大雲》(大方等無想經)等一切「修多羅」中，(皆)不聽(許僧眾可以)食肉，亦不	

說「肉」(是可)入於食(物之)味(中)。 大慧！我若(眞有)聽(許)諸「聲聞」弟子(可以「光明正大」的以)「肉」為食者。 我終不得(以)口(去)常讚歎修行「慈悲」(之)行(者)、(及)「如實行」(的修行)者。 (如果連佛自己都吃肉、無慈悲行，又如何有「資格」去讚歎他人具有「慈悲行」？ 如果連佛自己都吃肉、無慈悲行，又如何有「資格」受到他人讚歎說佛是爲「慈悲行者」？) 亦不(能去)讚歎(在)「屍陀林」中(的)「頭陀行者」。 亦不(能去)讚歎修行(於)「大乘」、住(於)「大乘」者。 亦不(能去)讚歎「不食肉」者。 (所以)我不自食(肉)，(亦)不聽(許)他(人可以)食(肉)。 是故我勸修「菩薩行」、(讚)歎「不食肉」(者)。	大慧！若我(眞有)聽許「聲聞」(弟子可以「光明正大」的)食肉。 我則非是(爲)住(於)「慈心」者。(亦非是爲)修「觀行」者。 (亦非是爲)行頭陀者。 (亦非是爲)趣(向)「大乘」者。 (既如此的話，我)云何而(能去)勸(諸弟子呢)？

	（我）勸觀（所有的）眾生，應（皆視）如（同爲自己的）「一子」（之想）。	諸善男子，及善女人，（應）於諸眾生，生（視同爲自己的）「一子」（之）想，（應）斷（除）一切肉。
	云何（有邪人竟）唱言：我（佛如來有）聽（許僧眾）食肉（呢）？	
	我為（諸佛門）弟子、（及）修「三乘行」者，（令能）速得（證）果故，（所以我便）遮（止於）一切肉，悉不聽（許）食（用）。	
	云何（有邪人竟）說言：我（佛如來於）「毘尼」（Vinaya 律）中（有）聽（許僧）人食肉（呢）？	

18 如來在世時，曾聽許比丘可食「三淨肉、五淨肉、九淨肉」，而「十種肉」則自始自終佛陀都是禁止食肉的，此皆隨事因緣而漸制之戒。但佛於臨「涅槃」時，又改云「禁一切肉，悉不應食」。所以戒律會因「時、地、種種因緣」下而有不同的「開、遮、持、犯」問題

劉宋・求那跋陀羅譯《楞伽阿跋多羅寶經》	元魏・菩提流支譯《入楞伽經》	唐・實叉難陀與復等譯《大乘入楞伽經》
*18.*大慧！我有(於最終)時說： (應該)遮(禁)「五種肉」， 或(全)制(禁)「十種」(肉都不可食。「十種肉」是佛陀自始自終都是禁止食肉的肉)。	*18.*(邪人)又復說言：如來(於其)餘(的)「修多羅」中說：(有)「三種肉」(乃)聽(修行)人(可以正大光明的)食(用)者。 (前面經文已說了：修行人於凡所飲食時，皆應作「食子肉想」與作「服藥想」；既如此，怎可以把「三淨肉」當作「正大光明」無慚無愧的「大方」食用呢？) 當知是(邪)人，不修毘尼(Vinaya 律)，(不知道應於)次第(而全部)斷(禁肉食)，故(竟)唱言(可「正大光明」的)得食(三淨肉)。 何以故？ 大慧！肉有二種。 一者：他殺。 (專教他人去殺生所得來的肉) 二者：自死。	*18.*大慧！我於(其餘)諸處(曾)說： (應)遮(禁)「十種」(肉)， (或暫)許(可食用)「三種」(不淨肉)者。 (像我佛如來這樣的說法)是(希望眾生能以)漸(漸)「禁斷」(肉食的方式)，令其(最終能)修學(到葷肉「全斷」的目的)。

| | (壽命盡而自然死亡者之肉。佛陀曾經允許過「九淨肉」，其中一個就是「自然壽終而死」的肉是可以吃的)

以世(間俗)人(而)言，有肉(可)得食(者)，有不(可)得(食肉)者。
(例如十種肉是佛陀自始自終都是禁止可食用的肉品，世俗人可能會去吃，但佛弟子則絕對絕對不允許的)

(十種肉例如)「象、馬、龍、蛇、人、鬼、獼猴、豬、狗」及「牛」(肉等)，

(以上共十種肉)言：(絕對)不得食！
(十種肉是佛陀自始自終都是禁止食肉的肉，世俗人可能會去吃，但佛弟子則絕對絕對不允許的。
十種肉，諸經說法不一。有說：「人、象、馬、龍、狗、鳥、鷲、豬、獼猴[猿]、獅子」等共十種。
亦有說除了「龍、鳥、鷲」之外的肉，再加「蛇、驢、狐」。
或說除了「鳥、鷲、獅子」之外的肉，再加「蛇、鬼、牛」者。
以上都是屬於「十種不淨肉」， | |

無論何時，均不可食用）

（其）餘（肉）者（指三淨肉、五淨肉、九淨肉），（則暫時可）得（以）食（用）。

（但若身爲）「屠兒」（者），（則）不問（那些能）得食？（那些是）不（能）得（食）？一切（肉都全部）「盡殺」，（然後）處處衒賣（衒鬻ㄩˋ叫賣）。

眾生（本）無過（患），（結果就遭此枉）橫（而）被殺害。

是故（如來）我（於最終即）制（戒）：
（凡是屬於）「他殺、自死」（教他人去殺生所得來的肉，與壽命盡而自然死亡者之肉），悉不得食（此肉）。

（若有）「見、聞、疑」（的肉）者，
❶當我看到肉時，有見到這是爲我「專門」而殺的肉，也曾見到這肉被殺的過程與任何的「畫面」。
❷當我看到肉時，有聽聞這是爲我「專門」而殺的肉，甚至從「可信任的人」當中，也有

	聽聞這肉是爲我「專門」而殺的，我也曾聽聞到這肉被殺的「畫面」與任何的「聲音」。 ❸當我看到肉時，內心曾經懷疑這些肉是爲我「專門」而殺的）	
	（此即指）所謂（的）「他殺」（專爲他人而殺的肉）。	
	（若）不「見、聞、疑」（的肉者）， ❶當我看到肉時，不見到是爲我「專門」而殺的肉，也不曾見到這肉被殺的過程與任何的「畫面」。 ❷當我看到肉時，不聽聞這是爲我「專門」而殺的肉，甚至從「可信任的人」當中，也沒有聽聞這肉是爲我「專門」而殺的，我也不曾聽聞到這肉被殺的「畫面」與任何的「聲音」。 ❸當我看到肉時，內心絕不懷疑這些肉爲我「專門」而殺的，完全沒有聽見任何「爲我而殺」的「話語」）	
今於此（《楞伽》）經（中），（於）一切（的）種（類）、（於）一切（的）時（機因緣下），	（即）所謂（的）「自死」（肉）。 （純粹只是壽命盡而自然死亡者之肉）	今（於）此（《楞伽》）經中，（凡是）自死（純粹是壽命盡而自然死亡者之肉）、（或）他殺（專爲他人而殺的肉）。

（我已完全）開除（以前曾經有允許過「三淨肉、五淨肉、九淨肉」的所有）方便，一切悉（皆禁）斷（諸肉）。

是故大慧！我（最終於）「毘尼」（Vinaya 律）中唱如是言：

凡所有肉，於一切（的）「沙門釋子」（中），皆（為）「不淨」食，污（染）清淨（的生）命，障（礙）「聖道」分。無有（任何的）「方便」而可得（言）食（肉是無罪的）。

若有說言：佛（於）「毘尼」（Vinaya 律）中，（最終有）說「三種肉」（或加上「五淨肉、九淨肉」），（悉）為不聽（許）食（用），非為（所）聽（許的）食（物）。

當知（如）是人，（能）堅住（於）「毘尼」（Vinaya 律），是（為）不（毀）謗我（佛如來清淨的戒律）。

大慧！今（於）此《楞伽》（的）「修多羅」中，（於）一切時（機

凡是（屬於眾生）肉者，一切悉（皆禁）斷。

| | 因緣)、(於)一切(的眾生)肉，

亦(再)無(任何的)「方便」而可得食(用的)。 | |
| | | |

19 諸佛如來最終是遮禁修行人「食肉」，不單只為一人而說，於「現在、未來」一切諸人，皆不得食肉。凡是「肉食」，悉是「不淨」之食

劉宋・求那跋陀羅譯《楞伽阿跋多羅寶經》	元魏・菩提流支譯《入楞伽經》	唐・實叉難陀與復禮等譯《大乘入楞伽經》
	是故，大慧！我(於最終)遮(禁修行人)「食肉」，不(單只)為一人(而說)，(於)「現在、未來」一切(諸修行人皆)不得(食肉)。	大慧！我(佛如來)不曾(聽)許「弟子」(們可以「正常光明」的大方)「食肉」。 (我佛如來)亦不(於)「現許」(現在許可食肉)，亦不(於)「當許」(當來許可食肉)。
	是故大慧！若彼「癡人」，自言(自己是)「律師」，(竟)言(於)「毘尼」(Vinaya 律)中，(諸佛如來有)聽(許僧)人「食肉」。	大慧！凡是「肉食」，於「出家人」，悉是「不淨」(之食)。
	亦謗我(佛如來竟)言：如來自(己亦)食(肉)。	大慧！若有(愚)癡(邪)人，(竟)謗言：如來(有)聽許「食肉」，(如來)亦自食(肉)者。
	彼愚癡(邪)人，成「大罪」障，(將於)長夜墮於「無利益處、無聖人處、不聞法處」。	當知是人(將為)「惡業」所纏，必當永墮「不饒益處」。
	亦不得(再)見(到於)「現在、未來」(的所有)「賢聖」弟子；況當得(能)見(到)諸	

	佛如來(嗎)？ 　大慧！諸「聲聞」人，(日)常(生活)所應食(之物)，(例如)「米、麵、油、蜜、種種麻豆」，(皆)能(令)生「淨命」(清淨生命)。 　(若有於)非法(而)「貯畜」、(於)非法(而)「受取」，我(皆)說「不淨」，尚不聽(許)食(用)；(更)何況(諸佛如來真會)聽(許僧人)食「血肉」不淨(嗎)？	大慧！我之所有諸聖「弟子」，尚不(應)食於凡夫(所食的)「段食」；(更何)況(能令僧人)食「血肉」不淨之食(嗎)？

20 諸佛如來皆以「法食、法住」為主，非為「飲食」的「雜食」之身。如來視眾生猶如自己親生之「一子」，所以絕不會去教人食魚肉

劉宋・求那跋陀羅譯《楞伽阿跋多羅寶經》	元魏・菩提流支譯《入楞伽經》	唐・實叉難陀與復等譯《大乘入楞伽經》
	大慧！我諸(發心修行的)「聲聞、辟支佛、菩薩弟子」(們)，(皆應)食於「法食」(法義之食)，非食(於美味的)「飲食」；(更)何況(是諸佛)如來(呢)？	大慧！(我諸發心修行的)「聲聞、緣覺」及「諸菩薩」，尚唯(食)「法食」(法義之食)；豈(更何)況(是諸佛)如來(呢)？
大慧！如來應供、等正覺，尚無(飲食之)所食；(更何)況(會去)食魚肉(嗎)？	大慧！諸佛如來(皆以)「法食、法住」，非(為)「飲食」(之)身，非(由)諸「一切飲食」(來)「住身」。	大慧！如來(為)「法身」，非(為)「雜食」(之)身。
	(諸佛如來已)離諸「資生」(與因貪)愛(而)有(種種的渴)「求」等。	
	(諸佛如來已)遠離一切「煩惱」習過(薰習之過患)。	大慧！我已斷除一切「煩惱」，我已洗滌一切「習氣」。
	(諸佛如來已)善分別知心、(與)心(所生之)智慧。(於)一切智(上)、(於)一切見(上)，(皆)見諸眾生「平等」(而生)憐	我已(能)善擇「諸心、智慧」。

（如來）亦不教人（食魚肉），（如來）以「大悲」（為）前行故，視一切眾生猶如（自己親生的）「一子」。 是故（如來最終是）不聽（許而）令（僧人可）食（如同自己的一）「子肉」。	憫（心）。 是故大慧！我見一切諸眾生等，猶如（自己所生的）「一子」。云何（諸佛如來）而（能）聽（許）以肉為食（呢）？（諸佛如來）亦不隨喜（眾生肉），（更）何況（去）自食（眾生肉）！ 大慧！如是（於）一切葱、韮ㄐㄧㄡˇ（古同「韭」）蒜、薤ㄒㄧㄝˋ（中），（都屬於）臭穢不淨，能障聖道，亦（能）障（礙於）世間（的）「人、天」淨處；（更）何況（是）諸佛「淨土」（的）果報（呢）？ 「酒」亦如是，能障聖道，能損「善業」，能生諸過（失）。 是故，大慧！（欲）求「聖道」者，（應於）「酒、肉、葱、韮ㄐㄧㄡˇ（古同「韭」），及「蒜、薤ㄒㄧㄝˋ」等，能薰（穢臭）之味（的	（如來具）「大悲」平等，（能）普觀眾生，（視）猶如（自己所生的）「一子」。云何而（能聽）許「聲聞弟子」（去）食於（猶如自己之）「子肉」；（更）何況（如來會去）自食（眾生肉）！ （若）作是（如來自食肉，與聽許弟子食肉之）說者。 （此乃）無有是處！

	葷辛物），悉不應食！	

21 佛勸修行人應該要素食的偈頌之一

劉宋·求那跋陀羅譯《楞伽阿跋多羅寶經》	元魏·菩提流支譯《入楞伽經》	唐·實叉難陀與復等譯《大乘入楞伽經》
爾時世尊欲重宣此義而說偈言：	爾時世尊重說偈言： 大慧菩薩問。 酒、肉、蔥、韮ᵗ（古同「韭」）、蒜。 佛言(皆)是不淨。 一切(皆)不聽食。 (羶腥爲)羅刹等食噉。 非聖(人)所食(之)味。 (羶腥之)食者(爲)聖(人所)呵責。 及(獲)惡名流布(流傳散布)。 願佛分別(爲我等)說。 食(與)不食(所獲的)罪(與)福(問題)。 大慧汝諦聽。 我說(欲)食中(的)過(失) 酒、肉、蔥、韮ᵗ、蒜 是(爲)障(礙)聖道分。 我觀三界中。 及得聖道(等諸)眾(生)。 (自)無始世界來。	爾時世尊重說頌言：
曾(往)昔為(互作)親屬。	展轉莫非(爲互作)親(人)	悉(將)曾為(互作)親屬。

	云何於其(親人)中。 而有食？不食？	
(肉爲)鄙穢(與)不淨雜(合) (於)不淨(中)所生長 聞(肉)氣(即)悉(令人生)恐 怖。	(吾等應)觀肉(之)所從來 (其)出處(乃)最不淨。 (肉皆由)膿血和(合)雜生 (於)屎尿膿洟(中和)合。	(肉於)眾穢(之)所成長。 (聞氣即令人生)恐怖(之)諸 含生(含靈識之眾生)。
一切肉與蔥。 及諸韭ㄐ、蒜等。 種種(令人)放逸(之)酒。 修行(皆應)常遠離。 亦常離(古印度所製的)麻 油(而不食)。	(所有)修行淨行者。 當觀(此不淨肉而)不應食 種種肉及蔥。 酒亦不得飲。 種種韭ㄐ及蒜。 修行(者皆應)常遠離。 (亦應)常遠離(古印度所製 的)麻油(而不食)。	是故(修行人)不應食(一切 眾生肉)。 一切肉與蔥。 韭ㄐ、蒜及諸酒。 如是(之)不淨物。 修行者(皆應)遠離。 亦常(遠)離(古印度所製的) 麻油(而不食)。
及諸穿孔(之)床(皆不應眠 於此處)。 以彼(皆具有)諸「細 蟲」。 於(諸細蟲)中極(令人生)恐 怖。	(所有有)穿孔(之)床(應)不 (於此處)。 (因爲皆具有)飛揚諸(之) 「細蟲」。 (將會)斷害他命故。	及諸穿孔(之)床(皆不應眠 於此處)。 以彼諸「細蟲」。 於(諸細蟲)中(將令人生)大 驚怖。

卍古印度吃素者，為何不能吃「麻油」？

(1)「麻油」(taila)是將「芝麻」壓榨出的「油」，在古印度從事此工作者被
稱為「**笮油家、搾油家、壓油輪、油家、壓油家、押油家**」，就是榨
「液」而喚「油」。由於「芝麻籽粒」中會生有很多「小蟲」，所以在「榨
油」的時候，「蟲子」也會被連同「榨死」而成了「汁液」。

(2)所以在戒律中，佛陀都是嚴格禁止食用「麻油」，也禁止與從事「壓油」的人來往。但現代人早已使用「高科技」製油了，所以吃素的人，當然是可以食用「麻油」的，這已無任何礙慮！

(3)例如在《薩婆多毘尼毘婆沙》中就有說：**不得「壓油」為業，以油多，殺蟲故，天竺法爾。自罽** **賓**(Kaśmīra 迦濕彌羅。位於西北印度，爲喜馬拉雅山山麓之古國，中國漢朝稱之罽賓國。建國於西元前 2400 年，經過第 47 代後，阿育王即位國王。佛教在罽賓國曾遭迫害，後又興隆成爲大乘佛教之發源地，在《大集經》、《華嚴經》、《涅槃經》中皆可見到罽賓國名)**已來，「麻」中一切「無蟲」，若「無蟲」處，壓油，無過也**。也就是在古天竺地區的「芝麻」中，蟲子較多，而在古罽賓地區的「芝麻」卻沒有蟲子，因此在這些「麻中一切無蟲」的地區進行「壓油」是沒有罪過的。

(4)《大智度論‧卷十六》中云：(於)**熱「鐵臼」中，搗之令「碎」，如「筁蒲萄」，亦如「壓油」**。可知道古人應該是用「搗臼法」在製油、壓油的，方法與「榨葡萄汁」是相同的。

(5)《大般涅槃經‧卷二十》中也有說：(胡麻之子，目前)**實未有「油」**，(須待)**胡麻**(成)**熟已**，(再)**收**(其)**子**(而)**「熬烝、搗壓」，然後乃得出「油」**。可見這裡也有講是用「搗壓」方式在「製油」的

(6)古印度常用的「榨油」工具稱為「加尼」，實際上就是一個改裝過的「杵臼」，「破碎」和「壓榨」都用它來完成，廣泛被用來做榨取「芝麻油、菜籽油、椰子油、蓖麻油」等的工具。

22 佛勸修行人應該要素食的偈頌之二

劉宋・求那跋陀羅譯《楞伽阿跋多羅寶經》	元魏・菩提流支譯《入楞伽經》	唐・實叉難陀與復等譯《大乘入楞伽經》
(肉類)飲食(能)生「放逸」。 放逸(即)生諸(邪)覺。	肉食(雖能增)長身力。 (但)由(此身)力(將)生(種種)邪念。	(肉類)飲食(能)生「放逸」。 放逸(即)生邪覺。
從(邪)覺(中即)生「貪欲」。 是故(修行人)不應食(肉)。	(由)邪念(而)生(種種)貪欲。 故不聽(允)食肉。	從(邪)覺(中即)生於「貪」。 是故(修行人)不應食(肉)。
由食(肉而)生貪欲。 (由)貪令(而令)心迷醉。	由食肉(而)生貪。 (由)貪心(而導)致迷醉。	(由)邪覺(而)生貪(欲)故。 心為貪(欲之)所醉。
迷醉(則增)長「愛欲」。	迷醉(則增)長「愛欲」。	心醉(則增)長「愛欲」。
生死(便)不(能獲)解脫。	(便)不(能)解脫「生死」。	生死(便)不(能獲)解脫。
為(了貪)利(而去)殺(害)眾生。 以(為了)財(而)網(羅)諸肉(去賣)。	為(了貪)利(而去)殺(害)眾生。 為(了賣)肉(以)追(取)錢財。	為(了貪財)利(而去)殺(害)眾生。 以(為了)財(而)取諸肉(做買賣)。
(殺眾生肉與賣眾生肉者)二俱(皆)是惡業。 死(後將)墮「叫呼」(raurava 號叫)獄。	(殺眾生肉與賣眾生肉者)彼二人(的)惡業。 死(後將)墮「叫喚」(raurava 號叫)獄。	(殺眾生肉與賣眾生肉者)二俱(皆)是惡業。 死(後將)墮「叫喚」獄。
若無「教、想、求」。 (❶沒有「不去教令他人就能自	(有)三種名(為)「淨肉」(者)。	不想、(與)不「教、求」。

然取得魚肉」者。 ❷沒有「自己不想去吃魚肉」者。 ❸沒有「自己不主動去求取魚肉」者。 自然就能獲得魚肉來吃的。 也就是一位想吃魚肉者: ①必定要教令他人而去取得這些魚肉。 ②必定是自己主動想去求取魚肉的。 ③必定是自己想吃魚肉的)	不「見、聞」(與)不「疑」。 (❶眼不曾見其被殺的過程,亦沒見此肉乃是「爲我而殺」之肉。 ❷耳不曾聞其被殺的聲音,亦不從「可信之人」面前聽聞到這些肉都是爲我殺的。 ❸找不出有任何「爲我而殺」的嫌疑之肉)	(❶沒有「自己不主動去求取魚肉」者。 ❷沒有「不去教令他人就能自然取得魚肉」者。 ❸沒有「自己不想去吃魚肉」者。 自然就能獲得魚肉來吃的。 也就是一位想吃魚肉者: ①必定要教令他人而去取得這些魚肉。 ②必定是自己主動想去求取魚肉的。 ③必定是自己想吃魚肉的)
(如果不是「無教想求」這些條件存在的話)則(必)無(符合這三種)三淨肉(的「眞實定義」)。 彼(肉可得能吃的事,並)非「無因」(而自然能)有。是故(修行人)不應食(肉)。	(但)世(間並)無如是(符合這三種)肉(的「眞實定義」)。	此三種(雖可)名(爲三)淨(肉)。 (但)世(間並)無如是(符合這三種)肉(的「眞實定義」)。
彼諸修行者。 由是悉(應)遠離(食肉)。 (此爲)十方佛世尊。 一切咸呵責(食肉者)。 (諸食肉者將)展轉更(互)相食(噉)。 死(將)墮(於)虎狼(之)類。 (其身具種種)臭穢(而令人)	生(前若)墮(於好)食肉中。 (則其身具種種)臭穢(而令人)可(必生)厭患。 (轉世後可能)常生「顚狂」中(之人家)。	(諸)食(肉)者(爲)我(所)訶責。 (諸食肉者將)更互相「食噉」。 死(將)墮「惡獸」中。 (其身具種種)臭穢而(令人)顚狂。

可(必生)厭惡。 (食肉者於來生)所生常(獲)愚癡。		是故(修行人)不應食(肉)。
(或)多(轉)生(至)「旃陀羅」(caṇḍāla 屬最下級之種族，專事獄卒、販賣、屠宰、漁獵等職)。 (或轉生至)獵師、譚婆(ḍomba 屠家；屠兒。古印度稱食狗肉人爲「譚婆」，也可稱爲「獵師」。《大乘集菩薩學論》云：生「旃陀羅」，或「獵師」屠膾，生羅刹女中「食肉」諸種類)種。	(食肉者於來生或)多(轉)生(至)「旃陀羅」(caṇḍāla 屬最下級之種族，專事獄卒、販賣、屠宰、漁獵等職)。 (或轉生至)獵師、屠兒家。	(食肉者於來生或多轉生至)獵師「旃荼羅」(caṇḍāla 屬最下級之種族，專事獄卒、販賣、屠宰、漁獵等職)。 (或轉生至)屠兒、
或(轉)生(至)「陀夷尼」。 (ḍāka-ḍākinī 荼加女鬼；荼夷尼鬼；陀夷尼鬼)	或(轉)生(至)「羅刹」女(rākṣasī)。	(或轉生至)「羅刹娑」(rākṣasa)。
及諸(天生爲)食肉性(的畜生)。 (例如)羅刹、貓狸(屬於「狸」的一種，俗稱「野貓」)等。	及(轉生至)諸「食肉」處(的畜生去)。 (例如)羅刹、貓狸等。	(於)此等種(類的畜生道)中(轉)生。
(食肉者的來生將)遍於(如)是中(而轉)生。	(生前或此世愛)食肉(者將轉)生(至)彼中。	斯皆(感召爲)「食肉」(畜生的果)報。 (若)食(肉者)已(皆)無(生)慚愧(心)。 (如此)生生(將感召)常(作)顛狂(之業報)。

		(食肉者皆為)諸佛及「菩薩、聲聞」(之)所嫌惡(嫌棄厭惡)。
(釋迦我在)《縛象》(佛說象腋經)與《大雲》(大方等無想經)。	(釋迦我在)《象腋》(佛說象腋經)與《大雲》(大方等無想經)。	(釋迦我在)《象脅》(佛說象腋經)與《大雲》(大方等無想經)
《央掘利魔羅》(Aṅgulimālya 鬘花。央掘魔羅經)。	《涅槃》(大般涅槃經)、《勝鬘經》(此處是指《央掘魔羅經》,梵文作aṅgulimālya→鬘花。非指《勝鬘師子吼一乘大方便方廣經》。請勿讀錯)。及	《涅槃》(大般涅槃經)、《央掘摩》(央掘魔羅經,梵文作aṅguli-mālika)
及此《楞伽經》(等眾多的經典中)。我悉制斷肉。	《入楞伽經》(等眾多的經典中)。我(皆)不聽(許修行的佛弟子)食肉。	及此《楞伽經》(等眾多的經典中)。我皆制斷肉。
(食肉者皆為)諸佛及「菩薩、聲聞」(之)所訶責。(若)食(肉者)已無(生)慚愧(心)。(如此)生生常(將感召)癡冥(顛狂之業報)。	(食肉者皆為)諸佛及「菩薩、聲聞」亦訶責。(若)食肉(者皆)無(生)慚愧(心)。(如此)生生(將感召)常(作)顛狂(之業報)。	

有關「叫喚地獄」的經典介紹

《正法念處經》卷64〈7 身念處品〉

復次修行者,作是思惟,作何等業?墮於地獄。

❶彼以聞慧,或以天眼,見此眾生,習近「殺害」,樂習增長,以是因

　　緣，墮「(等)活」地獄。

❷又見眾生，習近「殺生、偷盜」，喜樂習近，增長斯惡，以此因緣，墮「黑繩」地獄。

❸又見眾生，習近「殺生、偷盜、邪婬」，習近喜樂，增長斯惡，以是因緣，墮「眾合」地獄。

❹又見眾生，習近「殺生、偷盜、邪婬、妄語」，習近喜樂，增長斯惡，以是因緣，墮「叫喚」地獄。

❺又見眾生，「殺生、偷盜、邪婬、妄語」，勸人「飲酒」，以是因緣，墮「大叫喚」地獄。

❻又見眾生，「殺生、偷盜、邪婬、妄語、飲酒、邪見」，以是因緣，墮「焦熱」地獄。

❼又見眾生，「殺生、偷盜、邪婬、妄語」，以「酒」飲人，「邪見」不信，或破「比丘、比丘尼」戒。以是因緣，墮「大焦熱」地獄。

❽又見眾生，作「五逆」業，五種「惡業」，以是因緣，墮「阿鼻」地獄。云何「五逆」？若有眾生，①殺父、②殺母、③殺阿羅漢、④破和合僧、⑤若以惡心出佛身血」。如是「五種大惡業」故，墮「阿鼻」地獄。思惟如是地獄業報，於諸眾生，起悲愍心。

《正法念處經・卷第五・生死品之三》

(1)地獄有河，其河名曰鞞ㄆ(古同「鞞」)多羅泥(Vaitaraṇi)，彼河極深，濤波湧迅，無時暫停，甚可怖畏，急疾亂流。(所有的)善、不善業，以為「流水」，難可得行。

(2)一切世間，愚癡凡夫，所不能渡(不能穿越此河，皆被困在此河中)。此「五道河」，(於)無量劫中，常漂(溺)眾生，境界疾流，迅速不斷。(此五道河)勢力(非常)暴惡，不可遮障(遮蔽停止)。(此五道河是為)無常相續(的力量)，(為所有的)力勢所牽(引)。(此五道河亦)不可約截(斷)，愛河急惡(急劇暴烈)，(愚疾凡夫)心彌(遍滿)泥魚(污泥河魚)，能行此河。

(3)(愚癡凡夫於此五道河)若入若出(若能)出(離)者(可升)「天人」，(若)入者(則墮於)「地獄、餓鬼、畜生」，(愚疾凡夫)心彌(遍滿)泥魚(污泥河魚)，(故)在「愛河」中，如是入出(進進出出不斷的輪迴)。

《正法念處經·卷第五·地獄品之一》

(1)又彼比丘！隨順思惟業(力)果報(諸)法，觀「法、非法」，云何惡業(有)無量種種，皆因於「心」，相續流轉，如河浚_岐(深)流，漂諸眾生，令墮惡業果報之地，在於地獄受極苦惱。

(2)彼比丘！(應)觀「善、不善」，諦意思量。此諸眾生，云何如是？為心(之)所誑，為愛(之)所誑，(故)墮：

(底下為「八熱地獄」)

❶活(Samjīva 等活;想地獄)。→主要與「殺」業有關。註:「等活地獄」從第八個「眾病」眷屬小地獄開始，經文內容即無記載。

❷黑繩(Kālasūtra)。→主要與「殺、盜」業有關。

❸合(Samghāta 眾合;堆壓)。→主要與「婬」業有關。

❹喚(Raurava 號叫)。→主要與「酒」業有關。

❺大喚(Mahāraurava 大叫喚;大號叫)。→主要與「妄語」業有關。註:此「大叫喚地獄」與其餘地獄不同，總共有十八個眷屬「別處」小地獄。

❻熱(Tapana 炎熱;燒炙;焦熱;炎熱)。→主要與「邪見」業有關。

❼及「大熱」(Pratāpana 大焦熱;大燒炙;大極熱;極炎熱)。→主要與「婬」業有關。

❽阿鼻(Avīci 無間;無救)惡處地獄中生。→主要與「五逆」業有關。

(3)彼諸地獄，各有「別處」(指「八熱地獄」各有十六個眷屬「別處」小地獄，但「大叫喚地獄」則有十八個眷屬「別處」小地獄)，皆有「官人」(地獄陰間之官府差役)，如業(力)相似(同)，(須)各各證知。彼地獄處，名為何等？眾生何業？到何地獄？墮在何處？

(4)彼比丘！若見聞知，或(由)天眼見，有大地獄，名「(等)活地獄」。復有「別處」(地獄)？「別處」(地獄)有幾？名為何等？處有十六。

　　一名「屎泥」。
　　二名「刀輪」。

三名「瓮熟」。

四名「多苦」。

五名「闇冥」。

六名「不喜」。

七名「極苦」。

八名「眾病」。

九名「兩鐵」。

十名「惡杖」。

十一名為「黑色鼠狼」。

十二名為「異異迴轉」。

十三名「苦逼」。

十四名為「鉢頭摩鬘」。

十五名「陂池」(池塘湖泊)。

十六名為「空中受苦」。

(1)此名十六「(等)活地獄」處，何業生彼「(等)活地獄」處？

(2)彼比丘！若見聞知，或「天眼」見，若有「殺生」，樂行(殺生)多作，此(殺)業普遍，「殺業」究竟，和合相應，(則)墮「(等)活地獄」根本之處。「殺生」之業，有「上、中、下」。地獄受苦，亦(有)「上、中、下」。

(3)彼地獄業，何者為「上」？彼殺生者，若殺(的是)「善人」，若(殺的是)「受戒人」。若「善行人」，有他眾生，有眾生想。(若)有殺生心，(竟)斷其(指善人、受戒人)命根。此(殺)業究竟，心不生悔。向他讚說(殺生)，而復更作(殺生)，復教他殺(生)，勸殺、隨喜，讚歎「殺生」，若「使他殺」。

(4)如是「癡人」，自作(殺生)教他，(殺)罪業成就，命終生於「(等)活地獄」中。如此人中，若五十年，彼四天王，為一日夜。彼數亦爾，三十日夜以為一月，亦十二月以為一歲(如此一年只有360天)。彼「四天王」，若五十年，(才同於)「(等)活大地獄」為「一日夜」，以惡業時，有「下、中、上」，(故)「(等)活地獄」命亦「下、中、上」。有中間死，隨業(力)種子，多少輕重。

(5)「(等)活地獄」中，或(於)一處受，或(於)二處受，或三處受，或四處受，或五處受，或六處受，如是乃至「十六處」受，乃至(罪人)惡業「未壞、未爛」，業氣(業報之氣)未盡。彼地獄中，「五百年」(壽)命，依「天」(之)年數，不依「人」中(之年數)。

註：

「八大地獄」原則上各有「十六」個「眷屬」地獄(但「大叫喚」地獄卻有「十八」個眷屬地獄)，或稱為「副地獄、十六小地獄、十六遊增地獄、十六別處地獄」。

➔ 8 X 16 = 128

➔ 故原本的「八大地獄」+ **128** 小地獄 = **136** 地獄。

《正法念處經》卷 18〈5 畜生品〉云

復次比丘！知業果報，如實觀諸地獄，知業果報。「一百三十六」地獄中(指「八熱地獄」各有十六個眷屬「別處」小地獄，但「大叫喚地獄」則有十八個眷屬「別處」小地獄。如此實應為 138 個地獄。而「等活地獄」從第八個「眾病」眷屬小地獄開始，經文內容即無記載)，眾生壽命，長短增減，如實知已。

卍央掘魔羅的簡介

(1)央掘魔羅梵名作aṅguli-mālya 或aṅguli-mālīya，是佛陀的弟子之一。又譯作央掘魔羅、鴦掘摩羅、央仇魔羅、鴦竇利摩羅、鴦掘摩。意譯為指鬘、指髻，或一切世間現。若「梵、漢」並舉，則亦稱為鴦崛鬘、鴦崛髻。又被稱為「指鬘外道」。

(2)央掘魔羅最初是住在舍衛城的一位「凶人」，嘗師事「邪師」摩尼跋陀羅(māṇi-bhadra)，非常的恭順謙敬。央掘魔羅後被「師母」誣陷其凌辱之罪，其師摩尼跋陀羅遂命央掘魔羅出遊修行，並囑付央掘魔羅應去殺害「千人」，然後各取其「一指」作為「鬘」，始得傳授給他「涅槃」的大法。

(3)後來央掘魔羅於是出城殺人，每殺一人則取其「一指」作為「華鬘」，故央掘魔羅便有「指鬘」之稱。當他殺人殺到九百九十九人時，準備

欲弒其「母親」以成就「一千」之數。

(4)佛陀遙知<u>央掘魔羅</u>之事而生悲愍，遂神通前往化度，<u>央掘魔羅</u>見佛陀前來，還執劍趨前，意欲殺害，後經佛陀為說「正法」，乃改過懺悔而入佛門，後亦證得了「羅漢果」。

(5)亦有說在某日<u>央掘魔羅</u>在入城乞食時，城中人民以「瓦石」擊之，並以刀斬之，<u>央掘魔羅</u>流血淋漓倒地，還仍還至佛所。其後，便不知其所終。

卍前面經文稱《央掘魔羅經》為《央掘魔》，但後面經文怎變成稱作《勝鬘經》的幾種可能分析

(1)稱作《勝鬘經》確定是錯誤的，因為《勝鬘經》這是指《勝鬘師子吼一乘大方便方廣經》的簡稱，而且《勝鬘經》從頭到尾的經文都與「食肉」內容無關。

(2)《勝鬘經》三個字確定不是指《勝鬘師子吼一乘大方便方廣經》了，但比對四卷本<u>求那跋陀羅</u>譯《楞伽阿跋多羅寶經》、七卷本<u>實叉難陀</u>譯《大乘入楞伽經》，明明都是指向《央掘魔羅》這部經的，但元魏・菩提流支譯《入楞伽經》怎會在「前面」譯為《央掘魔》，後面改譯為《勝鬘經》？

(3)<u>央掘魔羅</u>梵名作 aṅguli-mālya 或 aṅguli-mālīya。aṅguli 譯作「指」。mālya 譯作「鬘」，所以《央掘魔羅》可譯為《指鬘》經，這也是沒問題的。但問題出在前面怎會多了一個「勝」字呢？會是「誤譯」？「誤抄」？「錯字」嗎？

(4)據《央掘魔羅經・卷四》中，如來親自稱呼<u>央掘魔羅</u>就是一位「常勝」之尊者。如經文言：
爾時，世尊指示王(波斯匿王)言：此即常勝(之)<u>央掘魔羅</u>。

(5)在《央掘魔羅》整部經中，幾乎都稱<u>央掘魔</u>是已修行「殊勝」的尊者，總共有十一次的經證。舉證如下：
❶娑婆世界主「梵天王」……而說偈言……
<u>央掘魔</u>今為勝業，住戒調伏極寂靜。

❷「摩醯首羅」神……以偈歎言……
　奇哉央掘魔！殊勝甚希有。

❸尊者舍利弗、大目犍連……見央掘魔羅……時大目連以偈歎言：
　超哉勇慧士，善修殊勝業。

❹尊者阿難……見央掘魔羅，心生隨喜，以偈歎言：
　善哉央掘魔！已修殊勝業。

❺尊者羅睺羅……見央掘魔羅，心生隨喜，以偈歎言：
　善哉央掘魔！已修勝功德。

❻尊者阿那律……見央掘魔羅，心生隨喜，以偈歎言：
　奇哉央掘魔！善修殊勝業。

❼尊者沙門陀婆……見央掘魔羅，心生隨喜，以偈歎言：
　奇哉央掘魔！善修殊勝業。

❽尊者滿願子……見央掘魔羅，心大歡喜，以偈歎言：
　善哉修勝業，我今發隨喜。

❾孫陀羅難陀……見央掘魔羅，心生隨喜，以偈歎言：
　善哉央掘魔！已修殊勝業。

❿尊者優波離……見央掘魔羅，心生隨喜，以偈歎言：
　奇哉央掘魔！已修殊勝業。

⓫文殊師利法王子……見央掘魔羅，心生隨喜，以偈歎言：
　善哉央掘魔！已修殊勝業。

(6)在《央掘魔羅》整部經也有出現「勝鬘」兩字的經文，總共出現二次，舉證如下：

❶南方去此過九恒河沙剎，有國名勝鬘，佛名勝藏，餘如上說。

❷西南方去此過十恒河沙剎，有國名勝鬘，佛名勝調伏上，餘如上說。

(7)經筆者的研究推斷，把《央掘魔羅經》譯成《勝鬘經》，極容易被誤解是指《勝鬘師子吼一乘大方便方廣經》的簡稱，在經過上面的舉證分析後，多了一個「勝」字，很可能不是作者「誤譯、誤抄、錯字」的，應該是有其存在的「意義」！

卍 《楞伽經》中引用「不食肉」的經典簡介

劉宋・曇摩蜜多(dharma-mitra。356~442 年)譯《佛說象腋經》卷 1
佛言：<u>文殊師利</u>！若有菩薩欲通達此「陀羅尼」章句，當好淨行，不食
於「肉」，不「油」塗足，不往「多眾」，常於眾生起於慈心，莫作「非法
不淨」之人而讀此經，亦莫在於「不淨處」讀。

北涼・曇無讖(dharma-rakṣa。385～433)譯《大方等無想經》卷 1
〈大眾健度 1〉
云何能得「大眾」眷屬？云何能得「不壞」眷屬？不退、不失，不貪飲食；
常修知足，終不「食肉」。

北涼・曇無讖(dharma-rakṣa。385～433)譯《大方等無想經》卷 5
〈增長健度 37〉
復次，天子！未來之世，法欲滅時，我四部眾，薄福少智，不知厭足，
退失善根，貧於法財。無心親近佛、法、僧寶……「食肉」嗜味，背捨
諸佛。

北涼・曇無讖譯(dharma-rakṣa。385～433)《大方等無想經》卷 5
〈增長健度 37〉
世尊不聽「受畜」一切「不淨」之物，貪味「食肉」。如來常讚持淨戒者，
呵責毀禁。

劉宋・求那跋陀羅(guṇabhadra。394～468)譯《央掘魔羅經》卷 4
(1)<u>文殊師利</u>白佛言：世尊！因(眾生皆有)「如來藏」故，諸佛「不食肉」耶？
(2)佛言：如是。一切眾生，無始生死，生生輪轉，無非「父母、兄弟、
姊妹」，猶如伎兒，變易無常，(無論是)「自肉」(與)「他肉」，則是(平等)
「一肉」，是故諸佛悉「不食肉」。
(3)復次，<u>文殊師利</u>！一切「眾生界、我界」即是「一界」，「所宅之肉」即

是(平等)「一肉」，是故諸佛悉「不食肉」……

(4)<u>文殊師利</u>白佛言：世尊！(於)世間久來，亦(已)自立「不食肉」。

(5)佛告<u>文殊師利</u>：若世間有(願意)「隨順佛語」者，當知(亦)皆是「佛語。

(6)<u>文殊師利</u>白佛言：世尊！「世間」亦説有「解脱」，然彼「解脱」(並)非(是眞正的)「解脱」，唯「佛法」(才)是(眞正的)解脱；亦有「出家」而非(屬是眞正的)「出家」，唯有「佛法」(才)是(眞正的)出家……唯(於)「世尊」法中，有我(而)決定(是)「不食肉」(的)。

23 佛勸修行人應該要素食的偈頌之三

劉宋・求那跋陀羅譯《楞伽阿跋多羅寶經》	元魏・菩提流支譯《入楞伽經》	唐・實叉難陀與復等譯《大乘入楞伽經》
(在之前已)先說(過)「見、聞、疑」(這三種肉的定義了)。 （❶眼不曾見其被殺的過程，亦沒見此肉乃是「為我而殺」之肉。 ❷耳不曾聞其被殺的聲音，亦不從「可信之人」面前聽聞到這些肉都為我殺的。 ❸找不出有任何「為我而殺」的嫌疑之肉）	(在之前已)先說(過)「見、聞、疑」(這三種肉的定義了)。	(在之前已)先說(過)「見、聞、疑」(這三種肉的定義了)。
(我)已(令眾生應)斷一切肉。 (若仍有惡習的)妄想(而)不覺知。 故(將轉)生食肉處。	(我)已(令眾生應)斷一切肉。 (若仍有食肉)妄想(惡習而)不覺知。 故生「食肉」(之)想。	(我)已(令眾生應)斷一切肉。 以其(仍有食肉)惡習(之妄想)故。 愚者(仍有虛)妄分別。
如彼貪欲(食肉的)過(失)。 (將)障礙「聖解脫」(之道)。	如彼貪欲(食肉的)過(失)。 (將)障礙「聖解脫」(之道)。	如(此)貪(欲食肉的過失將)障(礙)解脫。
酒、肉、蔥、韮〻、蒜悉為聖道(之)障(礙)。	酒、肉、蔥、韮〻、蒜悉為聖道(之)障(礙)。	(於)肉等亦復然。 若有食之者。 (皆)不能入聖道。
未來世眾生。 於肉(竟生)愚癡(之)說。	未來世眾生。 於肉(竟生)愚癡(之)說。	未來世眾生。 於肉(竟生)愚癡(之)說。

(竟)言此(爲)淨(肉而)無罪。	(竟)言此(爲)淨(肉而)無罪。	(竟)言此(爲)淨(肉而)無罪。
佛聽(許)我等(之所)食。 (連吃淨)食(時都有)如「服藥」想。 亦(有)如「食子肉」(想)。 (佛在前面的經文有説：修行人於凡所飲食之時，應作如「食子肉想」，就像在吃自己兒子肉般的有「罪惡感」。亦應作「服藥想」，就像在服毒藥般的有「恐懼感」。連在吃素食都應有具這種「心態」了，故更不應該去食肉)	佛聽(許)我等(之所)食。 (連吃)「淨食」(時都要觀想有)如(服)「藥想」。 (亦)猶如「食子肉」(想)。	佛聽(許)我等(之所)食。 (連吃)「淨食」(時都)尚如(服)藥(般的有恐懼心)。 (亦)猶如(食)子肉想。
(修行人應常)知足(而)生「厭離」(心)。 (在)修行(於)行「乞食」(之時)。 (應)安住(於)「慈心」者。	(修行人應常)知足(而)生「厭離」(心)。 (在)修行(於)行「乞食」(之時)。 (應)安住(於)「慈心」者。	是故修行者。 (應)「知量」(知道自己的份量)而行乞(食)。
		食肉(違)背「解脱」(道)。 及違(背)聖(人的)表相。 令眾生(而)生(恐)怖(心)。 是故不應食(肉)。 (應)安住(於)「慈心」者。
我說常(應)厭離。	我說常(應)厭離。	我說常(應)厭離。

虎狼諸惡獸。 (豈能永)恒可(與牠們)同遊止？	師子、豹、虎、狼。 (豈能永)恒可(與牠們)同遊止？	師子及虎狼。 (豈能)應(與牠們)共同遊止？
若(有)食諸血肉。 眾生(將對你)悉(生)恐怖(心)。	(凡是)食肉(者)，(眾生)見者(皆對你生恐)怖(心)。 云何而可食(肉)？	
是故修行者。 (應生)「慈心」(而)不食肉。	是故修行者。 (應生)「慈心」(而)不食肉。	
食肉無慈(悲)、(智)慧。 永(違)背「正解脫」。	食肉斷慈(悲)心。 (將遠)離「涅槃」解脫(道)。	
及違(背)聖(人之)表相。 是故(修行人)不應食(肉)。	及違(背)聖人(之)教。 故(釋迦佛我)不聽(許修行人)食肉。	
(若欲)得(轉)生(至)梵志種(姓之家)。 及(欲得生於)諸修行(之)處。 (作為)智慧(或)富貴(之)家。 斯由(從)不食肉(開始修行)。	(若能)不食(肉即能轉)生(至)梵(志)種(姓之家)。 及(轉生至)諸修行道。 (作為)智慧及富貴(之)家。 斯由(從)不食肉(開始修行)。	若於酒肉等。 一切皆不食。 (來生)必(轉)生(於)「賢聖」中。 (具)豐財(與)具(大)智慧。

卍 **其餘「不食肉」的經典簡介**

中國「大乘」佛教嚴格要求僧人要「純素食」，最早是始於南朝梁武

帝 蕭衍於天監十年(公元 511 年)撰的「斷酒肉文」開始。但在佛經中出現「不食肉、噉肉殺生」的經文則更早是出現在後漢(東漢)的安世高(譯經時代為公元 148～170 年)；其所翻譯的佛典就已經出現了「不食肉、噉肉殺生」的經文了。

底下稍為按佛經翻譯的「年代」排序如下：

後漢・安世高(譯經時代為公元 148～170 年)譯《佛說鬼問目連經》卷 1

(1)一鬼問言：我一生已來，多有「兒子」，皆端正可喜，而皆「早死」。

　(每想)念之(諸子皆)「斷絕」，「痛」不可言。(請問是)何罪所致？

(2)目連答言：汝為人時，見(汝)兒(在)「殺生」(之時)，(在旁)助喜(而)「噉肉」；

　(因為)「殺生」(太多了)故(造成)「短命」，「喜」(因為你在旁邊都在做「見作隨喜」的事情)

　故(今生將遭)痛毒(之心)。今(汝已遭)受「花報」(當鬼眾了)，(將來的)果(報)入(還會入)地獄(的)。

花報；華報

(1)「花報」又寫作「華報」。譬如人為獲得「果實」而去種植樹木，最終的「正報」是要獲得「果實」的；但在「果實」仍未獲得之「前」，也可能「先」兼獲得了「繁華盛開」的果報，這就名為「花報、華報」了。

(2)眾生在種了「善惡」的業因，由此「業因」而獲得「正得之果」，此才是名為「果報」，又作「實報、正報」。但在獲得「果報」之前所「兼得」的「報應」，則被稱為「華報」。

(3)例如：以「不殺素食」為業因，「正報」應獲得「最終」是「往生淨土」獲解脫，而在「往生淨土」的「正報」之前，也因「不殺素食」而獲得「長壽、健康」，這就名為「花報、華報」了。

(4)例如：我們「念佛、誦經咒、修六度萬行」，這可以感召「最終」的果報是「往生淨土」獲得解脫輪迴。但在「往生淨土」的「正報」之「前」；也可能因此而「先」獲得了無量的「福報、靈驗」事跡，這就名為「花報、華報」了。

(5)再轉成另一種的譬喻，例如：我們「念佛、誦經咒、修六度萬行」，

這可以感召「最終」的果報是「證大菩提，獲大涅槃」。但在「證大菩提，獲大涅槃」的「正報」之「前」；也因此而「先」去了「西方淨土」了，這也是名為「花報、華報」的一種譬喻。

後漢・安世高(譯經時代為公元148～170年)譯《佛說處處經》卷1

(1)佛言：阿羅漢(絕)「不食肉」(māṃsa 肉-abhakṣya 不食)者，(若)計(量)「畜生」(的身體)從頭至足，各自(皆)有(其)「字」(的稱呼)，(這當中並)無有(以)「肉」(為)名(的稱呼)。

(2)「辟支佛」(更能)計(量眾生)本(更)精(細一些)，(畜生之)所作(皆是)「不淨」，故(絕)「不食肉」。

吳・竺律炎 (公元223年來華譯經) 共支越譯《佛說佛醫經》

(1)人(若)「食肉」，譬如「食其子」(一般)，諸「畜生」(在六道輪迴當中)，皆(曾)為我作(過)「父母、兄弟、妻子」，不可(計)數。

(2)亦有「六因緣」(的肉類來源，除此外皆)不得「食肉」：

一者、莫「自殺」(不要自己去殺眾生肉來吃)。

二者、莫「教殺」(不要教他人去殺眾生肉)。

三者、莫與殺「同心」(不要與殺眾生肉者「同心」，即指「見作隨喜」之心)。

四者、「見」殺。

(當我看到肉時，不見到是為我「專門」而殺的肉，也不曾見到這肉被殺的過程與任何的「畫面」)

五者、「聞」殺。

(當我看到肉時，不聽聞這是為我「專門」而殺的肉，甚至從「可信任的人」當中，也沒有聽聞這肉是為我「專門」而殺的，我也不曾聽聞到這肉被殺的「畫面」與任何的「聲音」)

六者、「疑」為我故(而)殺。

(當我看到肉時，內心絕不懷疑這些肉為我「專門」而殺的，完全沒有聽見任何「為我而殺」的「話語」)

(3)(若)無是(上述之)「六意」(的定義者)，得(以方便而)食肉。(為何絕對)不(能)食(肉)者，(則)有(上述)六疑(的原因)。

(4)人(如果)能「不食肉」者，(將獲)得「不驚怖」(之大)福(報)。

後漢失譯人名。《受十善戒經》卷1〈十施報品2〉

(1)一切(人皆)愛「眼目」，愛「子」亦復爾，愛「壽命」(更是)無極。

(2)是故「不殺生」，名為「梵行」(之)最(為上)。「不殺、無殺」想，亦不「噉於肉」(māṃsa 肉-bhakṣa 食)。

(3)(若)見殺(生)者(皆)如(敵)賊(般的恐怖)，必知(死後定)墮「地獄」。

(4)「噉肉」者(將感召)「多病」，「斷命」自莊嚴。當行「大慈心」，奉持「不殺戒」，必成「菩提道」。

東晉・帛尸梨蜜多羅(śrīmitra。?~343 年。壽八十多)**譯《佛說灌頂經》卷9**

<u>阿難</u>又言：諸四輩弟子。若有國土，有疾厄者。橫為邪神、諸惡龍輩……有此「災變」不吉祥時，當……不食「五辛」，不得「飲酒、噉肉」。當禮敬十方諸佛。

北涼・曇無讖(dharma-rakṣa。385～433)**譯《大方等無想經》卷 1〈大眾健度1〉**

云何能得「大眾」眷屬？云何能得「不壞」眷屬？不退、不失，不貪飲食；常修知足，終不「食肉」。

北涼・曇無讖(dharma-rakṣa。385～433)**譯《大方等無想經》卷 5〈增長健度37〉**

復次，天子！未來之世，法欲滅時，我四部眾，薄福少智，不知厭足，退失善根，貧於法財。無心親近「佛、法、僧」寶……「食肉」嗜味，背捨諸佛。

北涼・曇無讖譯(dharma-rakṣa。385～433)**《大方等無想經》卷 5〈增長健度37〉**

世尊不聽「受畜」一切「不淨」之物，貪味「食肉」。如來常讚持淨戒者，

呵責毀禁。

劉宋・求那跋摩(guṇavarman。367~431年)譯《菩薩善戒經》卷1〈發菩提心品3〉

(1)菩薩摩訶薩發「菩提心」，不失「正念」。於諸眾生不起「害心」，不「食肉」，不「欺誑」，常以「善法」教化眾生……

(2)見受苦者，心生「悲愍」。菩薩(於)初發「菩提心」者，(能)成就如是「無量功德」。

劉宋・求那跋摩(guṇavarman。367~431年)譯《菩薩善戒經》卷7〈助菩提數法餘品19〉

(1)菩薩摩訶薩為破眾生種種「惡」故，受持「神呪」，讀誦、通利，利益眾生。為(修持)「呪術」故，(應)受持「五法」。
一者：不食肉！
二者：不飲酒！
三者：不食「五辛」。
四者：不婬！
五者：(於)「不淨」之家，不在(其)中(而)食。

(2)菩薩(若是)具足如是「五法」，(則)能大利益無量(的)眾生。諸惡鬼神、諸毒、諸病，無(有)不能治(癒的)。

姚・竺佛念(365～416年譯經)譯《菩薩從兜術天降神母胎說廣普經》卷5〈入六道眾生品15〉

佛告自在菩薩曰：汝今舉目西看，見「師子王」，列住「西面」……(此)皆由「先身」(所修的)德行(感召的)福報，雖(此生)受「畜身」，(但能)分別善惡，足蹈蓮花，塵垢不染，終不「殺生、食肉、飲血」……故獲斯報，雖墮「畜生」，(將來能)轉身成道。

劉宋・曇摩蜜多(dharma-mitra。356~442年)譯《佛說象腋經》卷1

佛言：<u>文殊師利</u>！若有菩薩欲通達此「陀羅尼」章句，當好淨行，不食於「肉」，不「油」塗足，不往「多眾」，常於眾生起於慈心，莫作「非法不淨」之人而讀此經，亦莫在於「不淨處」讀。

<u>姚秦</u>·<u>鳩摩羅什</u>(kumāra-jīva。344~413)譯《梵網經》卷 2

(1)若佛子！故(而)食肉，一切肉(皆)不得食，夫「食肉」者，斷「大慈悲」佛性種子，一切眾生，見而捨去。是故一切(修行的)「菩薩」(皆)不得食一切「眾生肉」。

(2)「食肉」(將)得「無量罪」，若故食(肉)者，(則)犯「輕垢罪」(duṣkṛta;惡作;小過;輕垢;越毘尼;突吉羅。謂身、口二業所犯之過，此戒難持易犯)！

<u>姚秦</u>·<u>鳩摩羅什</u>(kumāra-jīva。344~413)譯《梵網經》卷 2

(1)一切「男子」是「我父」、一切「女人」是「我母」，我生生無不從之、受生，故「六道眾生」皆是我「父母」。

(2)而(若)「殺」而「食」(肉)者，即(等同是在)殺我(前世之)「父母」，亦(等同在)殺我(前世之)「故身」。

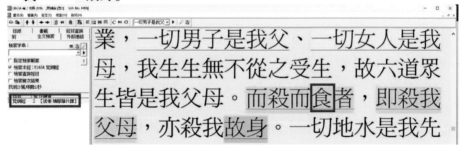

<u>宋</u>·<u>佛陀什</u>(buddha-jīva。公元423年譯經)共<u>竺道生</u>(355~434)等譯《彌沙塞部和醯五分律》卷 22

(1)有諸比丘，(竟)食「象肉」……以「沙門」食「象肉」故，便(去)殺「諸象」……佛種種「呵責」已，告諸比丘：從今食「象肉」(者)，(犯)「突吉羅」(duṣkṛta;惡作;小過;輕垢;越毘尼。謂身、口二業所犯之過，此戒難持易犯)！「馬肉」亦如是。

(2)諸比丘食「師子肉、虎肉、豹肉、熊肉」……告諸比丘，亦如上。從
今食此「四種肉」，(犯)「突吉羅」！

(3)諸比丘食「狗肉」，諸狗聞氣，隨後「吠」之……告諸比丘，亦如上。
從今食「狗肉」，(犯)「突吉羅」！

(4)諸比丘食「蛇肉」，諸居士譏呵……告諸比丘：從今食「蛇肉」，(犯)
「突吉羅」！

元魏・涼州沙門慧覺(公元445年譯經)**譯《賢愚經》卷4〈摩訶斯那優婆夷品21〉**

(1)願佛世尊！勅諸比丘，莫食「人肉」……爾時世尊，即制比丘：諸
「不淨肉」，皆不應食；若(有)「見、聞、疑」(這)三(種)「不淨肉」，亦不
應食。(需)如是分別「應、不應」食(肉的問題)。

(2)時優婆夷，聞佛世尊，正由我故，(而)制諸比丘，(絕)不得「食肉」(令)
生大苦惱，以緣於己，(故釋迦佛我)永令比丘「不食肉」故。

劉宋・求那跋陀羅(guṇabhadra。394～468)**譯《央掘魔羅經》卷4**

(1)文殊師利白佛言：世尊！因(眾生皆有)「如來藏」故，諸佛「不食肉」耶？

(2)佛言：如是。一切眾生，無始生死，生生輪轉，無非「父母、兄弟、
姊妹」，猶如伎兒，變易無常，(無論是)「自肉」(與)「他肉」，則是(平等)
「一肉」，是故諸佛悉「不食肉」。

(3)復次，文殊師利！一切「眾生界、我界」即是「一界」，「所宅之肉」即
是(平等)「一肉」，是故諸佛悉「不食肉」……

(4)文殊師利白佛言：世尊！(於)世間久來，亦(已)自立「不食肉」。

(5)佛告文殊師利：若世間有(願意)「隨順佛語」者，當知(亦)皆是「佛語」。

(6)文殊師利白佛言：世尊！「世間」亦說有「解脫」，然彼「解脫」(並)非
(是真正的)「解脫」，唯「佛法」(才)是(真正的)解脫；亦有「出家」而非(為是真
正的)「出家」，唯有「佛法」(才)是(真正的)出家……唯(於)「世尊」法中，有
我(而)決定(是)「不食肉」(的)。

梁・曼陀羅仙(mandra。公元503年來華獻貢梵經)**共僧伽婆羅**(460～524。

saṃgha-pāla) 譯《大乘寶雲經》卷5〈安樂行品5〉

(1)善男子！菩薩摩訶薩(若)住(於)「屍陀林」(sītavana，泛稱棄置死屍之所為屍陀林、寒林、尸多婆那林、尸摩賒那林、深摩舍那林)，(應)恒興「慈悲」，「憐愍」眾生，「持戒」清淨、具足「威儀」、(應)恒習「素食」、(來)支持(自己的)「活命」。所以者何？

(2)善男子！(於)是「屍陀林」(中)，有諸「非人」(皆)依止(於)中住，(皆是以)食人血肉(為主食)，若見(修行的)菩薩(竟也跟著在)「食魚肉」者(的話)，而(便生)起「惡心」來相觸惱(於汝的)。

失譯人名，今附秦錄。《一切智光明仙人慈心因緣不食肉經》

(1)(一切智光明仙人說偈曰：)寧當然(燃)身、破眼目，不忍「行殺」(而)食眾生。

(2)諸佛所說「慈悲」經，彼經中說「行慈」者，寧破骨髓、出頭腦，不忍「噉肉」(而)食眾生。

(3)如佛所說「食肉」者，此人(所修)行(之)「慈」(即)不(能獲得)滿足(的功德)，(將來)常受「短命、多病」身，迷沒(於)「生死」，(終)不(能)「成佛」。

(4)時彼(一切智光明)仙人，說此偈已，因發誓言：願我世世不起「殺想」，恒「不噉肉」，入「白光明慈」三昧，乃至成佛，制「斷肉戒」……

(5)舍利弗白佛言……　所制「波羅提木叉」(prātimokṣa)，不行慈者，名「犯禁人」；其「食肉」者，(則更)犯於「重禁」，後身(之)生處(將)常飲「熱銅」(的地獄果報)。

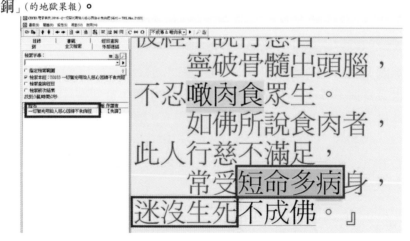

不載譯人，附東晉錄。《般泥洹經》卷2

(1)佛受其氎<small>（ㄉㄧㄝˊ）</small>，為説法之正化，若干要語。福竟避坐<small>（而）</small>言：

(2)從今日始，身自歸「佛」，自歸「道法」，自歸「聖眾」，受清信戒。身不殺、不妄取、不婬妷、不欺偽、不飲酒、不噉肉。

唐・般若<small>（734~?）</small>譯《大方廣佛華嚴經》卷34〈入不思議解脱境界普賢行願品〉

若諸菩薩住<small>（於）</small>「塚間」<small>（śītavana，泛稱棄置死屍之所為屍陀林、寒林、尸多婆那林、尸摩賒那林、深摩舍那林）</small>時，於諸眾生，恒住「慈心」及「利益」心，堅持「淨戒」，攝護「威儀」，澡潔其身，不應「食肉」。何以故？止住<small>（於）</small>「寒林」<small>（時）</small>，應防二過：

一、<small>（遠）</small>離「外道」<small>（之）</small>所「譏毀」故。

二、<small>（遠）</small>離「非人」得其便故。

失譯人。《佛説地藏菩薩陀羅尼經》卷1

一心敬禮地藏菩薩稱名，至心「誦持此呪」，懺悔根本「重罪」，發「菩提心」。從今始以，盡「未來」際。不殺、不盜、不淫、不妄語、不飲酒、不食肉、不食五辛。受「三聚戒」。

唐・輸波迦羅<small>（śubhakara-siṃha。637～735年）</small>譯《蘇婆呼童子請問經》卷1〈律分品1〉

(1)當須遠離「殺、盜、邪婬、妄言、綺語、惡口、兩舌」，亦「不飲酒」，及以「食肉」。

(2)口雖念誦<small>（眞言）</small>，<small>（但）</small>「心意」不善，常行「邪見」，以「邪見」故，<small>（則三業所修之善業將）</small>變為「不善」，<small>（會招）</small>得「雜染果」。

唐・義淨<small>（635~713）</small>譯《根本説一切有部毘奈耶雜事》卷5

「食肉」尚斷「大慈」<small>（心）</small>，<small>（若還在）</small>「殺生」<small>（的話）</small>，豈當成佛？

唐・不空(amogha-vajra。705～774 年)譯《受菩提心戒儀》卷 1

(1)弟子某甲等。自從過去，無始已來，乃至今日，「貪、瞋、癡」等種種煩惱……破齋、破戒、飲酒、食肉，及食「五辛」。

(2)如是等罪，無量無邊。不可憶知。今日誠心，發露懺悔。一懺已後，永斷相續，更不敢造。唯願十方一切諸佛諸大菩薩，加持護念，能令我等罪障銷滅。

唐・智嚴(公元 721 年譯經)譯《師子素馱娑王斷肉經》卷 1

(1)(由於)多劫「食肉殺生」者，(由此)「夙習」故(便轉生)入「師子」胎(去)……汝今(已成爲素馱王師子，所以)唯(有以)肉養其身(命)，究竟無「依」、無「善路」，殺生無量(而去)「食噉肉」，展轉(便)受苦(於)惡道中……

(2)一切眾生從無始來，靡不曾作(過)「父母」親屬，(轉)易(隔世即)生(爲)「鳥獸」，如何忍(心而)食(過去生由「父母眷屬」所轉世的肉)？

(3)夫「食肉」者，(於)歷劫之中，(將再轉)生於「鳥獸」，食他「血肉」，展轉(還必須)償命。

(4)若(轉)生(至)人間，(則又)專(做)殺(生)、嗜肉(的業報)，(最後)死(將)墮阿鼻(地獄)，無時暫息。

(5)若人能斷一生(的)「食肉」(習氣)，(則)乃至(於)「成佛」，(絕)無由再食(肉)。

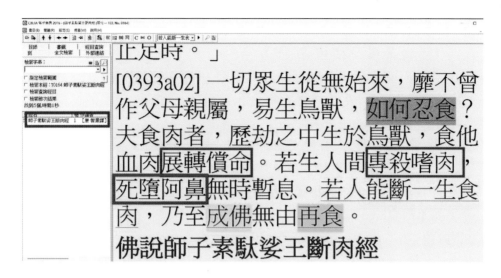

唐・若那跋陀羅譯《大般涅槃經後分》卷1〈遺教品1〉

(1)一失「人身」，難可追復，畢此「一形」，常須「警察」。「無常」大鬼（一到），（就欲）情求（亦）難（以解）脫（無常鬼的索命）。

(2)憐愍眾生莫相「殺害」、乃至蠢動，應「施無畏」。

(3)「身業」清淨（即可）常生「妙土」，「口業」清淨離諸「過惡」，莫「食肉」、莫「飲酒」，調伏心蛇，令入道果。

(4)深思行業（的）「善惡」之報，（皆）如影隨形，三世因果，（業力）循環不失，此生空過，後悔（亦）無（可再）追（回）。

唐・般若(734~?)譯《大乘本生心地觀經》卷3〈報恩品2

彌勒菩薩法王子，從「初發心」（即開始）「不食肉」，以是因緣名慈氏，為欲成熟諸眾生。

唐・海雲記《西方陀羅尼藏中金剛族阿蜜哩多軍吒利法》卷1〈看事法品16〉

若欲教弟子，應須觀察「不妄語」者，依法（之）行者，具「持戒」者，無「瞋怒」者，無「貪癡心」者，不食「酒肉」者，常清淨者。

**唐・海雲記《西方陀羅尼藏中金剛族阿蜜哩多軍吒利法》卷
1〈漫荼羅受法壇品 19〉**

不得「邪心」觀他人「惡」，亦不得「偷盜」……亦不得「食肉」，不得食
「五辛」。一切「臭穢」物，並不得食。乃至坐「菩提座」，如是三說。

**唐・海雲記《西方陀羅尼藏中金剛族阿蜜哩多軍吒利法》卷
1〈漫荼羅受法壇品 19〉**

今受法了，乃至一生(皆)不得「妄語」，不得「殺生、偷盜、酒肉、五辛」
等，並不得食……(凡欲)入「壇」者，尚不得「食肉」。(更)何況(是預備要)入
「菩薩位」者？

北宋・施護(dānapāla。公元 980 年譯經)**譯《聖持世陀羅尼經》卷 1**

佛告持世：若復有人(執持)「素食、梵行、斷食酒肉」。日夜恒誦(此咒)，
獲大富貴。

北宋・天息災(?~1000)**譯《分別善惡報應經》卷 1**

復云何「業」(能)獲報(轉生在)「人間」？有十種業。何等十業？
一、離「殺生」……八離「飲酒、食肉」。九離「癡闇」。十離「邪見」(而)
諦信「三寶」；修如是等十種奧業，(即可)獲(果)報(在)人間。

**失譯人。《佛說佛名經》卷 12《大乘蓮華寶達問答報應沙門
經》**

(1)寶達(菩薩於)頃(之)前，更入一地獄，名曰飛刀地獄。其地獄，縱廣十
五「由旬」，鐵壁周匝……刀刀相鈒，亦如霹靂，從空而來，刺罪人
「頭」，從「頭」而入，「足」下而出，從「背」上入，「胸」前而出，左出，
右入，煙火俱然。

(2)一日一夜，受罪「萬端」，千生千死，萬生萬死。若(真轉)得為「人身」，
(則)生「惡瘡」(而)遍體周匝。

(3)寶達(菩薩)問曰：此諸「沙門」，作何等行，(而竟)受如是(之)苦？

(4)「馬頭羅剎」答曰：此諸「沙門」，(雖)受「佛淨戒」而「不淨」持(戒)，心無「慈心」，飲酒、食肉，(竟)言「無罪報」。「食肉」之罪，(於任何之)理(皆)不可(寬)恕(原諒)。以是因緣，(此諸沙門)故受此罪。

(5)寶達菩薩聞之，悲泣而去。

失譯人。《像法決疑經》卷1

(1)如來教化(眾生皆)不可思議。我從「成佛」已來，我諸弟子(皆)未曾(真實的)食噉「眾生肉」也。

(2)我(雖)於「毘尼」中(雖然)聽(許過)「食肉」(之開緣情形)者。(汝)定(當)知此(三淨)「肉」(乃)不從「四大」(所)生、不從「胎生」、不從「卵生」、不從「濕生」、不從「化生」。(亦)不與「識」合，(亦)不與「命」合。當知世間，都(必)無此(真實存在的畜生)「肉」。

(3)善男子！(於)未來世中，(有)諸「惡比丘」，(於)在在處處，講說「經、律」，(竟)隨(經)文(而任)取(其中某段之)義，(竟)不知如來(說法有許多的)「隱覆祕密」(之義)。

(4)善男子！佛出於世，令諸弟子(去)食「眾生肉」者，(此必)無有是處！若(有)「食肉」者，何名(為)「大悲」？

失譯人。《示所犯者瑜伽法鏡經》卷1〈常施菩薩所問品3〉

(1)善男子！此是如來「教化」說法(之)不可思議。為欲調伏一切眾生故，汝應知之。

(2)我「聲聞」弟子，(皆)未曾食噉「眾生肉」也，(更何)況(是)諸菩薩？我於「毘奈耶」(戒律)中，為「病」苾芻，順「世間醫」，(故)須食「三種清淨肉」者。(此)是何等(的三淨)肉？

(3)善男子！當知彼(三淨)肉(者)，不從「四大」而生、不從「胎生」、不從「卵生」、不從「濕生」、不從「化生」、不與「識」合、不與「命」合。非實、非虛。

(4)當知世間，都無此(真實存在的畜生)肉，(此)是我(之)方便(而)作如是說。(汝竟)不解我意，(將)自損己身。

(5)復次善男子！(於)未來世中，(有)諸「惡苾芻」，於國國、城城、村村、

寺寺，處處講說「經、律、論」等，(但)隨「文」(而任)取(其中某段之)義，不達如來「深密要義」。

(6)善男子！我出於世，為大眾說食「眾生肉」，(乃)無有是處！若(有)「食肉」者，無有「慈悲」。無「慈悲」者，非我弟子！我(亦)非彼師！

失譯人。《普賢菩薩說證明經》卷1

(1)爾時普賢菩薩白佛言：世尊！有何等人，不得見彌勒？佛言：善哉！善哉！諦聽！今為汝略說……

(2)出家沙門，剃除「鬚髮」。避官「役使」，假披「法服」，飲酒、食肉……如是沙門，亦不見彌勒……

(3)如是惡行，如是之人等，亦不見彌勒。

三、《楞嚴經》中「斷殺生、戒吃肉」經文之研究

1 《楞嚴經・卷四》「婬、殺、盜」為業果相續之緣由

原文	白話
富樓那(Pūrṇa-maitrāyaṇīputra) **！** 「**想愛**」（欲想貪愛）**同**（共為）「**結**」（結縛之因），**愛不能離，則諸世間「父、母、子、孫」相生不斷。是等則以❶「欲貪」**（貪愛色慾）**為本。**	富樓那啊！ 當「欲想」和「貪愛」共同糾結(如前經文云：異見成憎、同想成愛)，便成為輪迴「結縛」之主因，於是就會產生「愛欲」而不能捨離，如此世間的「父、母、子、孫」便以此「相生相續」的輪迴而不間斷。這一類的眾生皆是以❶「貪愛色慾情愛」為其轉世受身的根本。
貪愛同「滋」（滋養身命），**貪不能止。則諸世間「卵、化、濕、胎」，隨力**（力量）**強弱，遞相**（遞更相代）**吞食。是等則以❷「殺貪」**（貪愛殺生殘害）**為本。**	由於眾生都「貪愛」自己的色身，所以就必須去尋找相同的食物來「滋養」其身命，如此為了「貪愛」色身而去「殺生殘害」他命的欲望便不會停止。那麼世間種種生物，如「胎生、卵生、濕生、化生」等等，就會隨著各自力量的強弱，「遞更相代」的互相吞食、

	弱肉強食(如夏天時蛇吞老鼠，冬天時蛇常冬眠，就反為老鼠所吃)。這一類的眾生皆是以❷「貪愛殺生而殘害他命」為其轉世受身的根本。
以人食羊，羊死為人，人死為羊。	人類有時為了養活自身，或貪口腹之欲而去殺食羊肉，而羊死後可能又轉世為「人身」，當人死後也有可能又轉世為「羊身」，於是造成互相殺食而償命的因果報應。
如是乃至十生之類，死死生生，互來「相噉」，惡業俱生，窮未來際。是等則以❸「盜貪」為本。	不只人與羊會有這樣的因果報應，乃至其餘「胎、卵、濕、化、若有想、若無想、若有色、若無色、若非有想、若非無想」等十類的眾生，亦是這樣。死死生生，都是如此互相的吞噉殘殺，由此種種的「惡業」共同聚集，將一直窮盡到「未來無際之時」永無休止。這一類的眾生皆是以❸「貪愛口腹而劫盜他命而食」為其轉世受身的根本。
	(「盜貪」乃由過去非理取人「身、財」，即是「盜」，故今生招感「互相噉食」之報。如宋・思

	坦《楞嚴經集註・卷四》云：過去於「身命、財」，「非理」而取，故互來「相噉」以責其「盜」也。如《楞嚴經・卷八》云：從是「畜生」，酬償先債，若彼酬者，分越所酬，此等眾生，還復為人，返徵其剩……若無福者，還為畜生，償彼餘直……如於中間，殺彼身命，或食其肉，如是乃至經微塵劫，相食相誅，猶如轉輪，互為高下，無有休息。如清・靈耀《楞嚴經觀心定解・卷四》云：如羊不與人食，而人食之，盜也。如明・鍾惺《楞嚴經如說・卷四》云：奪財為盜，況奪其生命乎？命屬殺，債屬盜。)
汝負我命（此喻「殺貪」），我還汝債（此喻「盜貪」），以是因緣，經百千劫常在「生死」。	有時是你欠我的命，需還我命來。或者是我欠你的債，我需還你的債。以如此種種「相欠相還相報」的因緣，雖然歷經百千劫的時間，仍常在生死輪迴中。
汝愛我「心」，我憐汝「色」（此喻「欲貪」），以是因緣，經百千劫常在「纏縛」。	有時是你愛我的心，或者我憐愛你的美色。以如是種種「互相愛憐」的因緣，雖然歷經百千劫的時間，仍常在「愛欲纏縛」的生死輪迴中。
唯「殺、盜、婬」三為根	是故所有的的眾生，皆唯以此

| 本，以是因緣「業果」相續。 | 「貪殺、貪盜、貪婬」這三種作其生死輪迴的根本。由於這個因緣，便能令眾生的「惡業果報」相續不斷。 |

卍人食「羊」。「羊」死為「人」，「人」死為「羊」的「殺業輪迴」故事

《雜寶藏經・卷第九》

(1)昔有「老公」(老年人的通稱，或對父親的別稱)，其家巨富，而此「老公」，思得「肉食」，詭作方便；指田頭樹，語諸子言：今我家業，所以諸富，由此「樹神恩福」故爾。今日汝等，宜可群中取「羊」以用祭祀。

(2)時諸子等，承父教勅，尋即「殺羊」禱賽(祈神報賽)此樹，即於樹下，立天「祀舍」(祭祀的房屋，廟宇)。

(3)其父後時，壽盡命終，「行業」(指身、口、意所造作之行為)所追，還生己家「羊群」之中。

(4)時值諸子欲祀「樹神」，便取一羊。遇得其「父」，將欲殺之。

(5)羊便噎ㄧㄝ 噎(咽喉所出之聲)笑而言曰：而此樹者，有何神靈？我於往時，為思肉故，妄使「汝」祀，皆共汝等，同食此肉。今償殃罪，獨先當之。

(6)時有羅漢，遇到乞食，見其「亡父」受於「羊身」，即借(借給)主人「道眼」，令自觀察。

(7)乃知是父，心懷懊惱，即壞「樹神」，悔過修福，不復殺生。

《大莊嚴論經・卷第二》

(1)于時比丘作是思惟：我今化彼，正是其時，作是念已，化為一「羊」繫著其邊。

(2)婆羅門問比丘言：汝為「索肉」，今在何處？

(3)比丘答言：羊即是肉。

(4)婆羅門大生瞋恚而作是言：我寧「殺羊」而食肉耶？

(5)於是比丘說偈答言：汝今憐一羊，猶尚不欲殺。後若為國王，「牛羊」與「豬豕」，「雞犬」及「野獸」，殺害無有量……

《正法念處經・卷第四十三》

(1)少力懈怠人，如愛「飲食羊」，命未盡如死，若死入地獄。
(2)貧窮癡如「羊」，或為「苦」所攝，若人食「他食」，「懈怠」是因緣。
(3)若有懈怠者，多依「他」活命，多貪著「美味」，心惑常「樂欲」。
(4)彼則不知諦，唯貪著食味，死時既到已，悔火自燒心。

《起世經・卷第四》
(1)樂作三種「惡重業」，不修三種「善根芽」，此等癡人必當入「合大」地
　　獄久受苦。
(2)或殺「羊、馬」及諸「牛」，種種雜獸雞猪等，并殺諸餘「蟲蟻類」，彼
　　人當墮「合」地獄。

《大方便佛報恩經・卷第六》
如屠兒「殺羊」，常懷「殺心」，作意「殺羊」，無所齊限。

《舊雜譬喻經・卷上》
(1)昔有國王，大臣五人。一臣宿(預先謀劃)請佛，佛不受，臣則還。
(2)因王(國王)請佛，佛言：此臣今必「命當終」，明日將誰復作福乎？
(3)臣嘗令「相師」相之，(相師)云：當兵死(可能會受兵器而死)，常以「兵」(兵器
　　或士兵)自衛，己亦「拔劍」持之。
(4)夜極(極累)欲臥，以劍付(交付)婦持之，婦睡(其婦睡著時)「落劍」(劍掉落下來)
　　斷其夫頭，婦便啼叫言：君(夫君)死！
(5)王則召「四大臣」問：汝曹(汝等諸軍)營衛(軍營護衛)之，徼¹(巡視：巡邏)修
　　(修備)姦(奸邪惡事)變(驚變)。(6)其婦與(其夫)相隨而忽至「此罪」？為誰在
　　邊者？便斬四臣「右手」。
(7)阿難問佛何因？佛言：其夫前世作「牧羊兒」，婦為「白羊母」，其
　　「四臣」前世「作賊」，見兒(牧羊兒)牧羊，便呼兒俱舉「右手指」，令(牧
　　羊兒)殺「白羊母」，與「五人」(牧羊兒+四賊)烹之(白羊母)。
(8)兒(牧羊兒)啼泣悲哀，殺羊食賊(殺白羊母而與四賊共食)，如是展轉生死。今
　　世共會故，畢其宿命罪也。

《正法念處經・卷第六》

俗人愚癡，覆藏惡業，若「自殺」羊，若「他教」殺，如婆羅門外道所諂，彼人以是「惡業因緣」，身壞命終，墮於「惡處」黑繩地獄。生姉荼處，受大苦惱。

《正法念處經・卷第十七》

或復「殺羊」，如是之人，身壞命終，墮「活地獄」，受無量苦。

《佛說雜藏經》

(1)復有一鬼白目連言：我常為大狗，(大狗)利牙赤目，來噉我肉。(我死後的)遺(體仍)有「骨」在，「風」還吹起，肉續復生，(於是)狗復來噉(食我的肉)。我(已當鬼，卻仍)常受此苦，何因緣故爾？

(2)目連答言：汝前世時，作「天祠主」，常教眾生，殺「羊」以「血」祀天，汝自食肉。

(3)是故今日以「肉」償之，此是惡行華報。後方受「地獄苦果」，億百千倍也。

《雜阿含經・卷第十九》

(1)佛告諸比丘……是眾生者，過去世時，於此王舍城為「屠羊」者，緣斯罪故，已百千歲墮「地獄」中，受無量苦。今得此身，餘罪緣故，續受斯苦。諸比丘！如大目犍連所見，真實無異。……

(2)尊者大目犍連於路中見一「大身」眾生，舉體「無皮」，形如「脯臘」(乾肉)，乘虛而行。

(3)乃至佛告諸比丘：此眾生者，過去世時，於此王舍城為「屠羊」弟子，「屠羊」罪故，已百千歲墮地獄中受無量苦。今得此身，續受斯罪。

《雜譬喻經》

(1)昔有屠兒……昔為貧人，因「屠羊」之肆以自生活，由是之故得生「四天王」上，盡彼天壽，來生人中，續復「屠羊」。

(2)命終之後，生「第二天」上，如是「六反」(六返)屠羊。因是事故，遍

生「六天」中，受「福」無量。

(3)以是故，今從王(指阿闍世王)乞。王曰：設如汝語，何以知之？

(4)答曰：我識「宿命」。王(指阿闍世王)聞，不信；謂是「妄語」，如此「下賤之人」何能識宿命耶？後便問佛。

(5)佛答曰：實如所言，非妄語也，此人先世曾值「辟支佛」，見佛歡喜，至心諦觀。仰視其首，俯察其足，「善心」即生，緣是功德故，得一一生「六天」上，下生人間，自識「宿命」。

(6)「福德」以熟得故，六反(六返)生「天人」中也。罪「未熟」故，未便受也，畢此身，方當墮地獄受「屠羊之罪」；地獄畢，當生「羊」中一一償之也。

(7)此人識「宿命」淺，唯見「六天」中事，不及過去「第七身」故；便謂「屠羊」即是「生天因」也。如是但是識「宿命」，非通、非明也。

《增壹阿含經・卷第六》

爾時，彼比丘意染此食，漸捨「阿練若行」……還為「白衣」，「屠牛」殺生，不可稱計，身壞命終，生地獄中。

《佛說義足經・卷下》

(1)佛復言：比丘！汝曹意何趣「漁獵」者及「屠牛」者？以是故，作以是業，以是「自生活」……

(2)佛言……我亦不聞不見「漁獵屠牛」，是業自活，可致富樂……

(3)此愚癡人，乃於「向道得果」者，傷害之……比丘以故當「慈心」，莫學「傷害心」，至見燒枉，亦莫生「害意」。佛以是本，以是因緣，以是義生，令弟子悉解。

《舊雜譬喻經・卷上》

(1)昔有沙門，已得「阿那含道」，於山上煮草染衣。時有「失牛者」遍求牛，見山上有火煙，便往視，見「釜」中悉「牛骨」，「鉢」化成「牛頭」，「袈裟」化成「牛皮」。

(2)人便以「骨」繫「頭」，徇　行(到處視察)國中，眾人共見之。

(3)沙彌見日已中……不見師至……師言：我宿命一世「屠牛」為業，故
　　得此殃耳……汝去！不須復與我相追！師曰：罪福如是，可不慎矣。

《佛說長阿含經・卷第十五》

佛告婆羅門：彼王「大祭祀﹙ㄙ﹚」時，不殺「牛、羊」及諸「眾生」，唯用
「酥、乳、麻油、蜜、黑蜜、石蜜」，以為祭祀。

《佛開解梵志阿颰經》

佛問阿颰﹙ㄅㄚ﹚：汝師以何教戒？
對曰：師戒不得「殺人、殺牛」，不得盜「金銀」，不婬師家及弟子婦，
不得飲酒。

《中阿含經・卷第三十九》

「立齋」行施時，彼不有「殺牛」，如父母兄弟，及餘有「親親」。「人、
牛」亦如是……知有此義理，莫樂「殺於牛」。

《增壹阿含經・卷第三十六》

諸有眾生好喜「殺生」，便生「黑繩」地獄中。其有眾生屠殺「牛、羊」及
種種類，命終之後，生「等害地獄」中。

《賢愚經・卷第七》

(1)聞波斯匿王殺毘舍離三十二子……白世尊言：有何因緣？三十二兒
　　為王所殺？
(2)世尊告曰：毘舍離子三十二人……乃往過去久遠世時，此三十二人，
　　共為親友。相與言議，盜他一牛。
(3)彼時國中有一老母……時諸偷兒，往詣其舍，欲共殺牛。老母歡喜，
　　為辦薪水煮熟之具，臨下刀時，牛跪匃﹙ㄍㄞˋ﹚（同「丐」字）命。諸人意盛，必
　　欲殺之。
(4)牛便結誓：汝今殺我，將來之世，我不置﹙處置﹚汝。正使﹙假始﹚「得道」，
　　猶不相放。立誓已竟，便為所殺。

(5)諸人燒煮，競共噉之。老母因次，亦得飽滿，欣悦而言，由來安客，今日最善。

(6)佛告阿難：爾時牛者，今波斯匿王是。爾時盜牛人者，今毘舍離三十二子是。爾時老母者，今毘舍離是。由此果報，五百世中，常為所殺。

《大乘理趣六波羅蜜多經・卷第三》

(1)復有眾生受我「邪教」，多殺「牛、羊」，以血祀天。何以故？如是「牛羊」，天賜與我，我食其肉，血應祭天。無始至今，受行其教。

(2)已命終者墮惡趣中，殘害未寧，互相食噉，以愚癡故，不得涅槃。

《六度集經・卷第六》

(1)商人又曰：吾所以笑搏兒者，兒是卿「父」。「魂靈」旋感，為卿作子。一世之間，有父不識，何況長久乎？

(2)播「鼗」（通「鞉」。古代的一種鼓。形制爲鼓穿在木柄上，鼓框左右用繩繫著兩個珠狀物，手搖木柄，珠狀物來回敲擊鼓面而發聲。類似民間流行的撥浪鼓）兒者，本是「牛」。「牛」死「靈魂」，還為主作「子」。家以牛皮，用貫此鼗。兒今播弄，踴躍戲舞，不識此皮是其「故體」，故笑之耳。

(3)殺「牛」祭者，父病請活。求生以殺，不祥之甚。猶服鴆毒，以救病也。斯父方終，終則為牛。累世屠戮，受禍無已。今此祭「牛」，命終靈還，當受人體。

《增壹阿含經・卷第四十九》

(1)爾時世尊告諸比丘：云何？比丘！汝等在生死中，身體毀壞，流血多耶？為恆水多乎？

(2)爾時諸比丘白佛言：如我等觀察如來所說者，「流血」多於「恆水」。

(3)佛告諸比丘：善哉！善哉！比丘！如汝所言，「流血」多於「恆水」，所以然者？

(4)在生死中，或作「牛、羊、豬、犬、鹿、馬、鳥獸」，及餘無數，所經歷苦惱，實可厭患。當念捨離。

《佛本行集經・卷第四十三》

尊者<u>迦葉</u>！我知「宿命」，憶念昔在<u>俱睒</u>ㄕㄢˇ<u>彌</u>城（Kauśāmbī），曾作「屠兒」。彼時我殺無量無邊「牛、羊、水牛、豬、羖ㄍㄨˇ羊(黑色的公羊)、馬。殺賣取錢，以用活命。我作如是「惡業」已後，從彼捨命。

2 《楞嚴經・卷六》「斷殺生」是名第二決定清淨明誨

《楞嚴經・卷六》原文	白話
阿難！又諸世界六道眾生，其心「不殺」，則不隨其生死相續。	阿難！所有一切世界的六道眾生，如果他們的心沒有生起任何的「殺害心」，就不會隨著「生死流轉」而相續輪迴。(明・蕅益 智旭《楞嚴經文句・卷六》云：此言非但執身不殺，須是心亦不殺也)
汝修三昧，本出「塵勞」，「殺心」不除，塵不可出。	你發心要修習「正覺三昧」，原本是為了出離三界的塵勞煩惱，然而如果「殺害心」不除滅的話，則三界的「塵勞煩惱」將永不可得出離。
縱有「多智」，「禪定」現前，如不斷「殺」，必落「神道」：上品之人，為「大力鬼」(mahā-bala-graha)。中品則為「飛行夜叉(yakṣa)」諸鬼帥等。下品當為「地行羅刹(rākṣasa)」。	縱使修到擁有很多的「世智辨聰」，能言善道諸多法義，甚至獲得類似「禪定」的境界。如果不斷除「殺害心」而「帶殺修禪」的話，將來必定會落入「鬼神道」：修到「上品者」將成為「大力鬼」(如明・交光 真鑒《楞嚴經正脈疏・卷六》云：「大力鬼」即「天行羅刹」。今人間尊奉，稱「帝」稱「天」者，多是此類也)。修到「中品者」將成為「飛行夜叉」及諸多鬼帥等(如山林鬼神、城隍

等)。成就「下品者」將成為「地行羅刹」(如大海邊之羅刹鬼)。

彼諸「鬼神」亦有徒眾，各各(每一個;各自)自謂「成無上道」。	這些「大力鬼、飛行夜叉及諸鬼帥、地行羅刹」也有很多的徒眾跟隨，每一個都自以為已修成「無上道果」。
我滅度後，末法之中多此「鬼神」熾盛(熾烈興盛)世間，自言「食肉」得「菩提路」。	在釋迦我滅度後的「末法時代」中，會有眾多此類的「鬼神」熾烈興盛於世間上，到處宣稱「殺生食肉」可以獲得「菩提正道」。
阿難！我令比丘食「五淨肉」，此肉皆我「神力」化生，本無命根。	阿難！我曾經在小乘教法中令諸比丘可以食用「五淨肉」的方便法(❶不自殺❷不教他殺❸不聞殺❹自死❺殘食。此指眾生被弱肉強食，因而剩下之殘餘之肉，若得其肉可食，食而不犯)，但這些肉其實都是由我的「神力」所化生出來，本來就沒有真實的「命根」存在。(如明・蕅益 智旭《楞嚴經文句・卷六》云：問曰：佛既具足「神力」，何不化作「草菜」？而乃化作「五淨肉」耶？答曰：佛順「時宜」，不立「異」故。此地既本不生「草菜」，而今忽生，則人將以為怪！又復如來滅後，設遇

	「草菜」不生,又將奈何?是故佛及比丘,遇世饑荒,目連請願,翻取「地味」,及取北洲自然「粳」等,佛皆「不許」,而云:後世無目連時,又將奈何?當知佛法可傳、可繼,爲若此也)
汝婆羅門(泛指天竺國),地多「蒸濕」(蒸熱潮濕),加以「沙石」,「草菜」不生。	由於你們所居住的天竺國婆羅門位置上(如《大智度論・卷二十》云:佛在天竺國,天竺國常多婆羅門,婆羅門法,所有福德盡願生梵天。如《楞嚴經文句・卷六》云:「五天竺國」悉號爲「婆羅門」,是尊姓故),土地多半充滿「蒸熱」或「潮濕」,加上有許多的「沙石」,「花草疏菜」並不容易在這種環境下生長(如唐・玄奘《大唐西域記・卷二》云:五印度之境,周九萬餘里,三垂大海,北背雪山,北廣南狹,形如半月,畫野區分七十餘國,時特「暑熱」,地多「泉濕」)。
我以「大悲神力」所加,因大慈悲「假名為肉」,汝得其味。	在這種不利「蔬果生長」的環境下,我以「大悲」神力加持而變現種種妙用,因大慈悲的「神力」變現下,故假名為「五淨肉」,令你們吃到了這種由「神力」所變現下的「假肉」。
奈何如來滅度之後,「食眾	無奈在如來佛滅度以後,你們

生肉」名為「釋子」！	竟公然的吃起「真實」的眾生血肉，還自稱自己為真正的「佛弟子」。(如《佛說大般泥洹經・卷三》云：<u>迦葉</u>菩薩白佛言：云何世尊，聽食「三種淨肉」？佛告<u>迦葉</u>：此三種肉，隨事「漸制」，故作是說……我不說「魚肉」以為美食，我說「甘蔗、粳米、石蜜」及諸「甘果」以為美食。如《楞伽阿跋多羅寶經・卷四》云：<u>大慧</u>！我有時說，遮「五種肉」，或制「十種」。今於此經，一切種、一切時，開除方便，一切悉斷。<u>大慧</u>！如來、應供、等正覺，尚無所食，況食魚肉？……視一切眾生，猶如一子，是故不聽令食子肉)
汝等當知，是「食肉人」，縱得「心開」(真心開悟)似三摩地，皆「大羅剎(rākṣasa)，報終必沉生死苦海，非佛弟子。	<u>阿難</u>你們應當要知道，這些吃起「真實血肉」的修道人，縱使他能獲得類似「真心開悟」的境界，或者得到相似「三摩地」的一種境界，這都不是真實的「三摩地」。「殺生食肉」的果報只能成就「大羅剎鬼」而已，等他「報盡壽終」後，將會沉淪於「生死苦海」的輪迴中，根本不是佛的真的弟子。
如是之人，相殺、相吞、相食未已，云何是人得出	像這樣的修道人，既然互相殺害、相吞食噉，沒有終了之

三界？	期，如何說這些「殺生食肉」的人能脫離得了「三界」嗎？
汝教世人修三摩地，次斷「殺生」，是名如來先佛世尊「第二決定清淨明誨」。	阿難你若要教導世間人修習「首楞嚴三摩地」時，於斷「心婬」後，除了「殺行、食肉」必斷外，其次就要斷除「意念」上的「殺心」，這就叫作：現在十方諸佛如來，及過去一切先佛世尊所共同宣說第二種決定「不可變易、清瑩潔淨」的明確教誨。
是故阿難！若不斷「殺」，修「禪定」者，譬如有人「自塞其耳」，高聲大叫，求人不聞，此等名為「欲隱彌露」。	所以阿難啊！如果不斷除「殺生食肉」而去修習禪定者，就像有人先堵塞自己的耳朵，然後高聲大叫，卻希望別人聽不到他的叫聲。這個就叫作欲隱藏反而彌露的一種「掩耳盜鈴、欲蓋彌彰」行為。
清淨比丘及諸菩薩，於岐路行，不踏 「生草」，況以「手拔」？云何大悲，取諸眾生血肉充食。	其實持戒「完全清淨」的比丘和諸菩薩們，在分岐的小路上行走時，都不會故意去踐踏有生命的小草，更何況是用手去拔它們了！為何一位具有「真正

大悲心」的人，怎會去貪取眾生的血肉來作為自己的食物呢？

若諸比丘不服東方絲 (sūtra)、**綿**(tūla)、**絹**(kauśeya)、**帛**ㄛ (paṭa)，**及是此土靴**ㄒㄚ (pādukā)、**履**ㄌㄩ (upānaḥ)、**裘**ㄑㄧㄡ (gopī)、**毳**ㄘㄨㄟ (namata)，**乳酪** (dadhi)、**醍**ㄊㄧ **醐**ㄏㄨ (maṇḍa)。

如果有諸比丘願意執持「完全清淨」的戒律，則一定不會使用來自東方國家所產的「絲、綿、絹、帛」等絲識品，也不會用本國土所產的「長靴、短履、皮裘、細毳毛衣」，及完全不吃「乳、酪、醍醐」等美食。(如《大比丘三千威儀・卷二》云：十二頭陀者：一者不受人請，日行乞食……十二者不食肉，亦不食「醍醐」，麻油不塗身。如明・錢謙益《楞嚴經疏解蒙鈔・卷七》云：「權教」許開「乳酪」。「實教」遮禁。如宋・戒環《楞嚴經要解・卷十二》云：而今人多取「牛乳」助齋，大嚼恣啖，不避葷穢，是誠何心哉？靜揣其來，乃腥臊交遘所發，膿血雜亂餘液。是欲惡之精，脂肉之腴，出於糞穢形軀，為不淨之至也。啖其「精」則真味欲惡，食其「腴」又何異脂肉？清淨真脫者固如是耶。如明・蕅益 智旭《楞嚴經文句・卷六》云：准諸經律，不無分別。若「絲、綿、絹、帛」，大小二乘並皆嚴禁，以其由此「害多命」故。若「靴、履、裘、毳」，「小乘」一向聽許，「大乘」亦不全遮。以其非專為此而「害命」)

故。若「乳、酪、醍醐」，大小並許，乃至《大涅槃經》仍復「開聽」……今云「不服」，則是「充類至盡」之意言，能「不服」則彌善耳……問曰：「小乘」求出生死，何故反許「五淨」及「靴履」等？「大乘」度生為務，何反「嚴遮」？答曰：小乘但求「自度」，止須不造殺業，不障出世，足矣。喻如舉家「遠逃」之人，則「小債」可弗償也。「大乘」須在「三界」，廣化眾生，喻如鄉國「大姓長者」，設有分毫「負人」，便有慚色，不能自在設化矣。行菩薩道者思之。)

如是比丘，於世「真脫」，酬還（酬報還償）宿債（宿世業債），不遊三界。

像這樣「持戒精嚴」的比丘，在這世間才算稱得上能獲得「真正的解脫」，在自己的有生之年，能「酬報還償」宿世的債務，從而不再遊蕩於「欲界、色界、無色界」三界輪迴中。

何以故？服（服用，含穿著或食用）其身分（含血肉、毛皮，及由其身體分製出來的乳酪、醍醐等），皆為彼「緣」。如人食其地中「百穀」，足不離地。

這是什麼原因呢？因為如果一個人身上穿的東西，嘴裡吃的東西，全部都是跟這些動物結上「業緣」的話，那就難以解脫了。譬如「劫初」時從色界「光音天」來到地球的天人，因一念的貪心而食取大地所生長類似「百穀」的東西，漸漸的身體

變麤澁、光明消失，最終失去「神足」，腳再也不能離地而行了。(如《長阿含經・卷二十二》云：此地有自然「地味」出，凝停於地，猶如「醍醐」……味甜如蜜。其後眾生以手試，嘗知爲何味，初嘗覺好，遂生「味著」……漸成「搏食」……食之不已……身體麤澁，光明轉減，無復「神足」，不能飛行)

必使「身、心」於諸眾生，若身(身體血肉、毛皮等)**、身分**(由其身體分製出來的乳酪、醍醐等)。**「身、心」二途，「不服、不食」。我説是人真解脱者。**

一位真正修行的人，必須使自己的「身體」與「心靈」(意念;心意)在面對任何眾生時，無論是眾生身上的血肉、毛皮，或由其身上所分製出來的「乳酪、醍醐」等，都完全「不穿」亦「不食」。不只是自己的「色身」不穿不食這些眾生肉，連「心靈」(意念;心意)上對這些眾生生出一點「穿食」的「妄念」都完全滅盡。如果對眾生肉能達到這種「身、心」俱斷的境界，如來我説此人於此世間修道即可獲得真正的解脱。

如我此説，名為「佛説」；不如此説，即「波旬」

能依據我這樣宣説的，才叫作是真正的「佛説」；如果不能像

| (Pāpīyas)説。 | 我這樣說的，那就叫作「魔王波旬」(「波旬」通常指欲界第六天魔，稱為「他化自在天魔」)之說。 |

3 《楞嚴經・卷八》「永斷五辛」是第一種「增進修行漸次」

原文	白話
云何「助因」？	什麼叫作助長罪業的「五辛」之因？
阿難！如是世界十二類生，不能自全，依「四食住」。所謂：「段食、觸食、思食、識食」。是故佛說：一切眾生皆依「食」住。	阿難！這世界中的「十二類」顛倒眾生，都不能光憑「自身存在」就能夠完全保住牠的生命，而必須依靠著「四種飲食」方式才能住世存在。所謂「四食」指的是「段食、觸食、思食、識食」(欲界人道、天道、修羅道、與畜牲道以「段食」。鬼神道以「觸食」。色界天人之以「禪思」為食。無色界天人則以「心識定力」為食)。因此佛說一切眾生都是依著「飲食」而住世存在的。
阿難！一切眾生食「甘」(有益於身心之食物)**故生，食「毒」**(有害於身心之食物)**故死。是諸眾生求「三摩地」，當斷世間五種「辛菜」。**	阿難！病從「口」入，一切眾生以飲食「甘美」有益於身心的東西便能生存，如果攝食有毒的東西便會死亡。所以這些眾生如果要追求「首楞嚴三摩地」者，就應當要斷絕食用世間的五種「辛菜」(指「大蒜、革蔥[薤菜]、慈蔥[蔥菜]、蘭蔥[韮菜]、興渠」這五種)，如避毒藥般。

是五種辛，「熟食」發婬，「生啖」增恚。

這五種「辛菜」，如果「煮熟」來吃即容易使人生發「婬慾心」；如果生吃的話，則容易使人肝火旺盛而增添「瞋恚心」。(如清·溥畹《楞嚴經寶鏡疏·卷八》云：是五種辛，能生五失，所謂：一生過。二天遠。三鬼近。四福銷。五魔集)

如是世界「食辛」之人，縱能宣說十二部經。十方天仙(天人神仙)嫌其臭穢(腥臭污穢)，咸皆遠離。諸餓鬼等，因彼(食五辛者)食次(就食之時)，舐ㄕ(舔)其唇吻(嘴唇)，常與鬼住。福德(福田功德)日銷(日漸銷減)，長無利益。

因此在這世界上，任何有食用這「五辛」的人，縱使他能宣說佛的「十二部經」，但十方的天人神仙都會嫌棄他身上所發出的「腥臭污穢」味，都遠遠的離開這個食用「五辛」的人。不止如此，還會有很多「同樣嗜好五辛」的餓鬼，他們會趁你在食用「五辛」之時，暗中偷偷的舔你的嘴唇，所以這個人會因「物以類聚」而常常與這些餓鬼同住於一處。從而此人的「福田功德」漸漸受餓鬼的侵蝕後，他的「正能量」就日漸銷減，食用「五辛」只會多多增長「毫無利益」的事。

是「食辛人」修三摩地，菩薩、天仙（天人神仙）、十方善神不來守護（守衛護祐）。「大力魔王」得其方便，現作「佛身」來為說法，非ㄈㄟ（古通「誹」→誹謗：詆毀）毀（詆毀）禁戒（saṃvara），讚「婬、怒、癡」。

這些食用「五辛」的人（據《翻譯名義集・卷三》云：一蔥。二薤。三韮。四蒜。五興渠），雖然發心在修持「三摩地」，但一切的菩薩、天人神仙，及十方的善神都不會來為他守衛護祐。相反的，只有那「大力魔王」則獲得「方便」侵犯此人的時機，「大力魔王」將會現作「與佛一樣的身形」來為此食用「五辛」者說法（如《出曜經・卷十二》云：「弊魔波旬」化作「佛形像」，來至長者家，身有「三十二相、八十種好」，「紫磨金色」，圓光「七尺」……「僞佛」告曰……吾向所說「四諦」者，實非「眞諦」，斯是「顚倒外道」所習）。然其所說的法都是一些「誹訾詆毀」如來的清淨「禁戒」，令人生破戒犯戒之法，甚至進一步去讚歎「婬、怒、癡」等邪法，因而讓人造作種種罪業。

命終自為「魔王眷屬」（上品魔王、中品魔民、下品魔女），受魔福盡，墮無間獄。

像這樣的行者將在此生「生命終了」時，便會轉生成為魔王之眷屬，上品魔王、中品魔民、下品魔女，等到受魔王的福報享盡後，就會再墮入「無

	間地獄」去受苦。
阿難！修菩提者，「永斷五辛」是則名為「第一增進修行漸次(逐漸的次第)**」。**	阿難！要修習「菩提聖道」的人，首先必須要永遠的斷除「食用五辛」，這叫作第一種「增進修行」漸次的法門。

4 《楞嚴經・卷八》「永斷婬殺酒肉」是第二種「增進修行漸次」

《楞嚴經・卷八》原文	白話
云何正性？	什麼叫作造成眾生生死輪迴的「正業之性」呢(亦即「婬殺盜妄酒肉」是眾生之「性罪之業」)？
阿難！如是眾生入三摩地，要先嚴持(嚴格持守)**清淨戒律。永斷「婬心」，不飡亍**(古同「餐」)**「酒肉」。以火淨食**(有生氣之食物，必火淨過始食，如剛挖取的馬鈴薯仍有生機，故需「先過火」以斷其生機，始食之)，**無啖「生氣」**(有生機之氣，仍有生機成長之食物)**。**	阿難！這些眾生要修道進入「三摩地」，必須要嚴格地持守清淨的戒律，首先要持「四種清淨明誨」。其中第一種清淨明誨就是要永遠斷除任何的「婬愛心」，第二種就是要戒除「殺生、食肉」及喝酒。如果要吃的食物是屬於「仍有生機者」，則必須先用火將之煮熟才能獲得完全的清淨(現代人的熟煮方式還包括「烤、煮、煎、炒、燙、蒸、煨」等)，例如剛挖取的「馬鈴薯」仍有「生機」，故需先過火以斷其「生機」才可食用，不要吃仍有「生機之氣」的相關食物。
阿難！是修行人，若不斷「婬」及與「殺生」，出三界	阿難！一位真正的修行人，如果他不斷除「四種清淨明誨」中

者，無有是處。	的「婬愛心」與「殺生食肉心」，又想要出離「欲界、色界、無色界」這三界，這絕對是一無是處不可能的！
當觀「婬欲」猶如毒蛇，如見怨賊(仇怨逆賊)。先持聲聞「四棄(殺盜婬妄)、八棄(於四棄外再加摩觸罪、八事成重、覆比丘尼重罪、隨順被舉比丘違尼僧三諫)」。	一位真正的修行人，應當視「情慾婬愛」之害猶如毒蛇一般，就如同見到「仇怨逆賊」一樣會劫財奪命。真正清淨的行者首先須執持「聲聞」比丘「婬、殺、盜、妄」這「四棄」重罪之戒，及比丘尼另再加「摩觸罪、八事成重、覆比丘尼重罪、隨順被舉比丘違尼僧三諫」等「八棄」戒。
「執身」(執持身戒)不動，後行菩薩清淨律儀(戒律威儀)，「執心」(執持心戒)不起。	執持「身戒」的「四棄八棄戒」到不動、不犯的境界(或說此為「身口七支」，即身業之殺生、偷盜、邪婬，口業之兩舌、惡口、妄語、綺語。稱「身三口四」)，然後進一步再修菩薩的清淨戒律威儀，最終能得執持「心戒」(或說此為「身口七支」後再加上意業之「貪欲、瞋恚、愚癡」，稱「意三」)而不生起任何惡念為止。
＊嚴持戒律者，亦可獲大神通	

「禁戒」(saṃvara)成就，則於世間永無「相生（婬業所起）、相殺（殺業所起）」之業、偷劫不行（盜業所起）。無相負累（負罪虧累），亦於世間，不還宿債（宿世業債）。

一位真正的修行人，若能嚴持完整清淨的「禁戒」而獲得成就時，則此人將於這世間永無婬業所生起的「相生輪迴」之業、沒有殺業所生起「相殺還命」之業、亦無盜業所生起的「偷盜劫奪」之業。如此則與世間永無「負罪虧累」，也不會有任何償還不盡的「宿世業債」。

是清淨人修三摩地，父母肉身（於父母所生之現世肉身中），不須「天眼」，自然觀見十方世界（似天眼通），覩佛、聞法（似天耳通），親奉（親自奉承）聖旨（似他心通），得「大神通」遊十方界（似神足通），「宿命」清淨（似宿命通），得無艱險（艱難險阻）。

像如此持戒完全清淨的行者，當他用功修行於「三摩地」時，便能因「戒」生「定」，因「定」而發起類似「五通」的境界。所以能於父母所生之「現世肉身」中，不須獲證「天眼」便能自然觀見到十方法界的諸佛世界（似天眼通），能親覩諸佛如來而聽聞諸佛的說法（似天耳通），能親自奉承佛陀的聖旨（似他心通），從而獲得「大神通」，更能自在遨遊於十方世界而無障礙（似神足通），又能獲「宿命」清淨的智慧境界（似宿命通），由此能於一切諸法獲得「大無畏」，永無任何的「艱難險阻」。

是則名為「**第二增進修行漸次**(逐漸的次第)」**。**	阿難！要修習「菩提聖道」的人，必須要永遠「剕削」掉所有的「婬殺盜妄酒肉」，這叫作第二種「增進修行」漸次的法門。

四、《雞蛋葷素説》（修行先從不吃蛋做起）

樂序

　　果濱作者將他最近輯著的一本**《雞蛋葷素說》**拿給我看，他摘錄了許多經文，並引證了許多位法師的語錄，強調「蛋」不屬於素食範圍內，換句話說，吃素的人是不應該吃蛋的。

　　這還得從他在華梵大學讀研究所時，要以《大佛頂首楞最經》的研究來寫論文因緣說起。當他發覺《楞嚴經》是一本指導四眾佛弟子修行的寶典時，就覺得很契理契機，他舉出在〈卷六〉中特別提到修行前要重視兩個先決條件(偷、妄二戒不在此贅)：一者，佛曰：「**阿難！云何攝心？我名為戒，若諸世界，六道眾生，其心不淫，則不隨其生死相續。汝修三昧，本出塵勞，淫心不除，塵不可出，縱有多智，禪定現前，如不斷淫，必落魔道。**」為此，他寫了一本名《生死關》的書(1996年9月發行)，揭露淫欲為障道之弊害，此雖不在話下，但對修行道路上是很重要的。

　　二者，也是佛對阿難的開示：「**汝等當知，是食肉人，縱得心開，似三摩地，皆大羅剎，報終必沈生死苦海，非佛弟子。如是之人，相殺相吞，相食未已，云何是人，得出三界？**」因此之故，今天他才又寫了**《雞蛋葷素說》**一書，讓食素人更有一個「拿捏」的分寸。況且菩薩要發心度生，怎能再吃眾生肉，豈不矛盾？按理也是說不過去的；有人說肉蛋未「受精配種」，有何關係？這問題除了殺生之外，須知一切肉類皆有腥穢，蛋類的屬性是等同的，自也不能例外；口臭滋生，胃埋濁屍；一切「卵生」皆自「禽腹」所生，自是腥臭不淨，豈可噉食？素食者宜慎思考。

　　記得多年前偶閱唐朝吏部尚書唐臨撰之《冥報記》中，有一件記載吃雞蛋在「陰司」報應的事：

　　「北周武帝喜歡吃雞蛋，一次就吃好幾枚。當時有一位監管皇帝膳

食的官員叫做拔彪，他每餐都要侍候皇帝吃飯。到了隋文帝即位後，他還留任原職。在隋代開皇年間，拔彪他忽然暴斃，由於心口還有暖氣，所以沒有馬上埋葬。三天之後，拔彪他還陽了，一開口就喊著說：『快帶我去見皇上，我要替周武帝傳話。』

隋文帝接見了拔彪，問他事由原委，他說：『我在暴死之後，就有人叫他跟著一起到一個地穴裏去，老遠看到有一百多人騎馬，擁簇著周武帝。』武帝說：『閻王傳你來，只是作證。』說完後，武帝就進入穴洞去了。帶領我的差役也一起進入穴中，進入宮庭見到閻王與周武帝同在一起，拔彪我就跪下去禮拜。閻王問我說：

『你替周武帝準備飲食的這些年來，武帝前後一共吃了多少雞蛋？』

我答：『武帝經常吃雞蛋，有多少數目？我是沒有算過。』

閻王就對武帝說：『這個人沒有算過你這一輩子到底吃了多少雞蛋，那還是讓我們通通把它弄出來算一算吧！』

武帝雖然不悅，但就在不由分說的時候，庭前忽然現出一張鐵床，還有幾十名獄卒，全是牛頭人身，武帝此刻已身不由己地躺在床上。這時只見獄卒就用鐵樑在武帝肚子上壓來壓去，武帝兩脅裂開，在裂縫處只見雞蛋一個一個不停地湧出，不一會兒功夫就堆得有床那麼高，幾乎有十幾斛之多(五斗為一斛)。閻王就叫獄卒計數，數完之後，床和獄卒都又不見了。於是閻王就叫差役把我帶出穴口；武帝這時說：

『你還陽後，替我傳話給大隋國的天子，他以前曾是我的同事，而現在國庫內的金玉布帛，也都是我在世時儲存的。由於我生前為帝王時，毀佛滅法(北周武帝建德二年下令廢佛、道二教，毀壞經像，並令沙門、道士還俗)，所以現在受大苦，請他替我做功德。』

為此，<u>隋文帝</u>曾詔令天下，每戶都出一錢來替北周<u>武帝</u>做功德來超度。」

以上這一則故事，千萬別當做「齊東野語」去看。以現在的「分子生物學」來看，一切蛋類無論有沒有「受精配種」，都是有「活體生命」的，不能用「肉蛋、種蛋」而起分別心，成為可吃的藉口，不知素食的讀者看了以後，您是否還會把「蛋」放在「素蛋」類？我們既然要吃素，為甚麼不吃「清純」的素食，還要拖泥帶水呢？<u>果濱</u>作者敢提出久已爭端的問題，實是深入《楞嚴經》後的有感而發，他的輯著純以「就事論事」的觀點而寫，這應該是對「素蛋」論者一個警惕轉折的考量。

為了讓讀者先有一些對蛋類是「葷腥」、是「素蛋」的概念，所以還是略微寫了一點感言，就當做序文吧！

大乘精舍<u>樂崇輝</u>於洗心齋
時二五四二年浴佛節前夕(公元 1998 年 4 月)

1 前言

「素食」是中國大乘佛教的一個特色，然雞蛋「葷素」與否？這是中國佛教界「千餘年」來諍論不休的一個題目，有句話說：**清官難斷家務事，祖師難斷宗教事**。倡言可以吃蛋者，乃認為現代的雞卵是「無雄卵」故無生命，不涉及「殺生」，且經論中佛不曾說過「卵」是「葷腥品」，故「可以」吃。

筆者深深覺得佛教如果提倡可以吃蛋，倡言蛋是素食，這跟坊間的「一貫道」又有何分別（彼等均以蛋為素食）？近代流行觀音法門的「教團」亦都絕不吃蛋的，這些非為「純佛門宗教」的「團體」尚且如此，而我「釋迦佛門」豈可大噉「雞蛋」？倡言雞蛋是「素論」？近代淨土十三祖印光大師對吃蛋與否曾舉晉朝支道林的故事以示眾，其文對雞蛋可食否而言**此晉時所決斷者**，也就是說雞蛋到底有無生命，吃素者可不可以吃，這在晉朝時已**決斷**了。印光大師對「雞蛋葷素」說做說如此的勇氣**決斷**，令人敬佩不已。

但另一方面筆者又想到，現代食用的蛋大都是「無雄卵」所生的，似不涉及「生命」之嫌，那佛教徒「吃純素」者，到底應如何來抉擇「雞蛋葷素」的難題呢？後來筆者查閱經藏及諸祖師的語錄，試著找出「雞蛋葷素」的經文依據，如在**《顯識論》**及**《法苑珠林》、《廣弘明集》、《冥報記》**中均載「吃雞卵」之果報。筆者想「佛法三藏十二部經」是其餘宗教所比不上的，既然已經有了「經藏」的記載，有了「諸祖語錄」的說明，「理之所在」就應信受了，若真修道人，何必迷信此「蛋」物呢？

近來佛教界亦有些「大德」提出蛋是「素」，吃之無妨，甚至某些「佛教團體」竟公然吃起蛋來（如滷蛋、鐵蛋、鳥蛋）。這種說法及作法，筆者是不敢苟同的，因為也許師父是一時的「方便」之說，但極可能會造成以後四眾弟子的「公然吃蛋說」。筆者的意見是：大魚大肉都能捨下不吃了，為了區區一顆蛋竟然「放不下」，是智？是愚？期望這本「小冊

子」能廣為流通，不再為「雞蛋」是葷是素的理論所「迷惑」！

果濱敬撰

民國八十七年(1998 年)一月十五于台北

② 雞蛋葷素說

✳ 《顯識論》云：(凡)一切(所)出(的)卵，(皆)不可食，皆有「子」也。

—《大正藏》第三十一冊頁 882 上。

✳ 凡屬「有知覺」者，皆不宜食，雖(然表面看似)「無知覺」，然(仍然)有「生機」，(例)如各種「蛋」，亦「不宜食」。牛奶，食之無礙，然亦取彼「脂膏」，補我身體，亦宜「勿食」。

—《印光大師文鈔續編‧卷上》頁 81。復鮑衡士居士書。

編者按：牛乳取之於牛，雖不傷生害命，然亦有損於牛，固宜不食，食亦不涉「犯戒」之咎，此說見於《印光大師文鈔三編下‧卷四》頁 1024，復卓智立居士書七。又印光大師明言「各種蛋」，包括有生機、無生機，有雄卵、無雄卵等，都是不能吃的。

✳ 雞卵之食否？聚訟已久，然「明理」之人，決不以「食」為是。好食者，巧為「辯論」，實則自彰其「愚」。何以故？有謂「有雄」之卵，有生，(所以)不可食；「無雄」之卵，不會生雛，(所以)可食。

若(據)如(是之)所說，則「活物」不可食，「死物」即可食，有是理乎？此種「邪見」，「聰明」人多會(生)起，不知(此)皆是為(自己的)「口腹」而衒己「智」(而已)，致(為)「明理」之人所憐憫也。

晉‧支道林(道林乃高僧，乃依小乘為論耳)博學善辯，(曾)與其師論「雞卵」之可食否？彼以「善辯」，其師不能屈。(待)其師沒後(師亡後)，現形於

前，手持「雞卵」，擲地(而雞)雛(即)出(指有雞雛從卵而出飛翔飲啄)，(支)道林慚謝，(此時己)師與「卵雛」俱滅，此(故事於)晉時所「決斷」者。

——《印光法師文鈔三編上・卷二》頁346～347。復眞淨居士書。

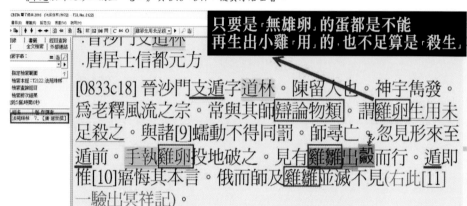

編者按：印光大師所舉的此事是出自《釋門自鏡錄・卷下》(詳於《大正藏》第五十一冊頁813下～814上)及《法苑殊林》。晉朝的支道林是「小乘」的高僧，他是位「辯才無礙」的高僧，曾與他的師父辯論「雞卵」可吃的問題，因他善於辯論，所以他的師父「辯」不過他。但支道林的師父圓寂後，有天夢裡見有「二位夫婦」，跪在支道林哀求說：他有

三十幾個兒子，明天即將入廚房供人煮食，乞求師父慈悲救助，後來這位夫婦即「銜這顆蛋」在支道林的面前將他弄破，竟有穿著「白衣」的人從「內」而出。支道林見此狀後，深深自悔，從此發願終身「素食」，永斷「蛋食」。印光大師認為「明理」的人，決不會吃蛋的，喜歡吃的人就算很會「辯論」，其實正顯出他的「愚癡」，何以故？若說「有雄卵」的蛋不可以吃，「無雄卵」的蛋不會生小雞，所以可以吃，那這麼說，「活物」不可吃，則「死物」就可以吃了嗎？有這種道理嗎？像這種「邪知邪見」，都是一些「自認聰明的人」所弄出來的，其實這都是為貪圖自己「口腹」所做的辯護，也是被「明理人」所憐憫的對像。

�֍ 喫雞卵之「偈」，乃妄人「偽造」，不可依從。

——《印光法師文鈔三編上・卷二》頁485。復蔡契誠居士書一。

編者按：印光大師說坊間有流傳「教吃雞卵」的「詩偈」，這都是「邪人邪見」所造出的，千萬不可聽信依從！

✖ 雞卵，吃素之人「不可食」，以「有生機」故。即（就算是）「無生機」，亦不可食，以有「毒質」故也。有謂「無雄雞」之地，卵無「生機」，此地甚少。昔一人好食「雞蛋」，久則腹中餘「毒」，生許多「雞卵」及「小雞」。諸醫不識其病，張仲景令煮「蒜」食之，則吐出許多「雞子」，及已，有毛、並無毛之雞。（張仲景即）令一生勿再食（雞蛋），食則無法可治。**可知雞卵之禍大矣！**

（按福州吃素佛弟子，往往患乏滋補，藉口無胚之雞卵，不具生機，儘可食噉，相習成風，貽誤不鮮，幾等於破戒，故弟子特懇大師開示此文，宜廣刊登，庶可警人，弟子羅智聲謹註）

——《印光法師文鈔三編上・卷一》頁221～222。復羅智聲居士書二。

編者按：印光大師說就算「無生機」的蛋也不可吃，因為它有「致毒」的成份，如果過量的吃，會造成「血脈阻塞」的危險。印光大師舉例

説以前有一人好吃蛋，久之肚中「中毒」，竟然生出「雞卵」及「小雞」來。此人不解，四處求醫，群醫束手無策，查不出病情，後有一人名張仲景，教他用「蒜」煮食之，讓他「發吐」，結果竟吐出許多「雞子」和一些「有毛」與「無毛」的「雞子」，實在是太不可思議了。張仲景即教他一生切勿再食「雞卵」，否則絕對無治，所以印光大師最後感嘆的説「雞卵之禍大矣」！這段故事足以醒人，願後人痛戒蛋食！

�֍民國十七年秋，彭澤 李錦新，偕謝、汪二人，同往九華晉香，舟過大通，李、謝登岸，汪(自己一人)獨居(於)船中，見(有)賣「灰包蛋」者，價極廉，因購「數十枚」藏(於)艙內，意欲帶回家後，用以「佐餐」也。夕抵茅坦，天明上山，汪忽「僵臥」不能動，驚問其故，亦不自知，但覺周身「軟弱」如綿，強扶之坐，旋即傾倒，眾謂此必「心有不誠」，受「護法」神譴，速當自省悔過。

汪乃沈思曰：得毋昨日「誤買雞蛋」所致乎？囑代(為將雞蛋)棄之，李等上山「禮佛」，并代「懺悔」，汪(一人)在舟中，(忽)夢被人「拘」，呵曰：(汝)遠道來「禮菩薩」，安可貪「小利」，帶「葷物」。幸能悔過，免汝「無罪」，迨李等回船，汪霍然(即)「瘉」矣，更沐浴上山，盡敬而返。

(按：此等事類，敝邑彭澤叢之地，即不可枚舉，不唯本人夾帶葷物，即家中人或買魚買蛋，雖未曾食，而「進香」者，必有感覺，於衣衾中，現「魚鱗蛋殼」等，故莫敢不敬，此誠「大士」不可思議威神之力也。不敬者有譴，則至誠者暗中獲福，寧有限量。姑記一則，以例其餘，至他處靈應，有李圓淨所編《地藏靈感錄》，以不在九華範圍，例不能繁引矣，許止淨謹識)。

—印光大師修訂《四大名山志》頁 211～212 之【九華山志・卷四】之「買蛋神責」。台南和裕出版社印。八十二、八。

✖蛋不可食！「邪見」之人云：「無雄卵」之蛋可食，切勿聽信！又蛋「有毒」，以雞常「食毒蟲」故。

—《印光法師文鈔三編上・卷二》頁 539。(復唐陶鎔居士書)。

編者按：印光大師對雞蛋的看法非常嚴格，連無雄卵的蛋也不准吃的！

※五葷何在？「蔥、韭ㄐㄧㄡˇ、蒜」以無聞，「蛋、蝦子」而未嗜，「羅卜、青菜」為無上清齋，「黃薺、野藿」當珍饈妙味，「素口」之道，通矣！

—來果禪師《參禪普說》頁56。台北眾生文化出版。八十五、二。

編者按：來果禪師說「五葷」是什麼？如「蔥、韭、蒜」這些都是，乃至「蛋、蝦子」也是不能吃的，如果真能戒除「蔥、韭、蒜」和「雞蛋」，而以「青菜、野菜、豆腐」等為上菜，這才算是真正吃素的人。

※鄉村之「精舍」，廛市之「伽藍」，以「經懺」為家物，以「酒肉」為佛事。每日三時，用「魚肉」充飢，取「蔥蒜」治味，說「雞蛋」不是葷腥，言「葵頭」即是「素菜」……若信吃齋之言，斷無此等「惡習」！

—來果禪師《十界因果錄》頁135。

編者按：來果禪師說如果真是吃齋、真是修道吃素，那麼絕對不會有吃「雞蛋」、吃「蒜頭」這種論調的。

※台灣土城 承天禪寺廣欽老和尚的道場承天禪寺數年來都明文規定：**嚴禁攜帶葷食、煙、酒、蛋等進入**。

※台灣南投 埔里 蓮因寺的懺雲法師在錄音帶中一再的開示：「**雞蛋不能吃**(見蓮因學院發行的懺雲法師開示錄音帶)」。

今年大年初三亦再開示：「**雞蛋不能吃，雞蛋是母雞下體拉出來的，是髒的、是臭的，不是清香的，絕對不能吃**」！

※近代宣化法師更說(錄音帶謄稿)：

吃齋吃個蛋沒有關係！沒有關係，等你當雞去的時候，就知道是直接從吃雞蛋而來的。

佛弟子有吃三淨肉的，也有吃肉的。你要是嘴饞，願意吃營養的東西(指雞蛋)，那又何必來問我？

如果要「吃蛋」的話，那也可以去「吃肉」！

✳梁時有人，常以「雞卵白」和(合而)「沐」(浴)，云：(能)使(頭)髮光(亮變黑)，每「沐」，輒破二三十枚(的雞卵)，(於)臨終(時)，但聞「髮」中「啾啾」，(有)數千「雞雛」(之)聲。

　—詳於《廣弘明集・卷二十六》，《大正藏》第五十二冊頁 294 上。

　和《法苑珠林・卷七十三》，《大正藏》第五十三冊頁 841 中。

編者按：梁朝時曾有人以「雞卵」做為「洗澡、洗髮」的工具，說以「雞卵」來洗身，能使頭髮「亮麗發光」，於是每次洗髮都用了二、三十顆的「雞蛋」。其人臨終時，竟從髮中傳出數千「雞芻子」的「啾啾」叫聲，用「雞卵」來洗身洗頭髮，尚得如此可怕的「果報」，何況「食之」？

✳釋子隣，姓范氏……父峻朝，不喜「三寶」……開元初，東都廣愛寺……拜求「出家」……染削已，或名志隣。至十一年，(志隣法師)忽思「二親」，辭歸「寧覲」(反俗探親)。其父喪明母終，已三載矣。因詣「嶽廟」，求知母之「幽趣」，即敷坐具誦《法華經》。誓見「天齊王」為期，其夜，「嶽神」果召隣(志隣法師)，問何故「懇苦」如是？隣(志隣法師)曰：母王氏，亡來已經「除服」。敢問大王：母今何在？王顧「簿吏」，對曰：王氏見「繫獄」受苦。隣(志隣法師)曰：我母何罪？王曰：(您母親在)生(志隣)和尚時，食「雞卵」，又取(雞卵)「白」(而)傅(擦)頭(上的)瘡，「坐」(受這個罪業)是之故……(志隣法師為消母罪)請往鄮山，禮阿育王塔……到句章山寺，叩頭哀訴。五輪著地禮畢，投策至(頂禮到)「四萬數」(時)，俄

聞有呼隣(志鄰法師)聲，若蔡順之解。望「空」見雲氣中。母謝曰：承汝之力，得生「忉利天」矣，故來報汝，倏然不見。（古人分娩食「雞卵」，尚得「重報」。今人娩後「多殺生命」，罪當如何？為母為子者，不可不知）。

—原文詳於宋·贊寧《宋高僧傳·卷三》，《大正藏》第五十冊頁 722 上。和清·弘贊《六道集·卷一》，《卍續藏》第八十八冊頁 1645。因為有多處記載相同故事，所以上述文字已稍作「剪修」整理而成。

編者按：這個故事很令人震驚的，因為子鄰(志鄰法師)小時就出家修道，到長大十一歲時，因為思念父母親，於是反回俗家探親，竟得知雙親皆已亡。後來到一個「廟上」問「嶽神」，「嶽神」說亡母是在地獄受苦的，又問何原因，「嶽神」竟然回答說。您母親在生下你的時候，好食「雞卵」，又常取「雞卵白」去擦拭頭上長的瘡疤，因此遭受了地獄的這個罪業之故。後來志鄰法師去頂禮阿育王塔，拜到第「四萬」拜時，空中有雲氣，母親王氏說：承汝之神力祈福與迴向，我已轉生到「忉利天」去了，故來相報於汝，後來就忽然不見了。

※南北朝，周·武帝 宇文邕，好食「雞蛋」，一餐「數枚」。有一位監廚官名為拔彪，常與武帝進食。武帝亡，丞相楊堅即位，稱文帝國號

<u>隋</u>。此<u>武帝</u>時代之「監廚」<u>拔彪</u>，亦常與<u>文帝</u>(一同)進食。(於)<u>開皇期間</u>，「監廚」<u>拔彪</u>忽然暴死(了)，三日後，(竟)復甦說：他到了地獄，見到<u>武帝</u>與「閻王」，閻王問監廚：汝為<u>武帝</u>作食，一日煮幾粒「雞蛋」？「監廚」實告：不記數！閻王說：既然不記(數)，(那麼便)向<u>武帝</u>(逼)迫(令)出，即(可)知(吃了多少雞蛋)。

忽見「庭」前有「鐵床」，並「獄卒」數十名，皆「牛頭人身」，拉(著)<u>武帝</u>倒臥(於)鐵床，獄卒用「鐵梁」壓<u>武帝</u>身，<u>武帝</u>之「兩脅」(的)剖裂(之)處，(竟然)出「雞蛋」(有)十餘斛。後來<u>武帝</u>向「監廚」<u>拔彪</u>說：回後，向<u>文帝</u>語，倉庫(有)玉帛金銀，皆(為)我所儲(藏的)，(但)我生時(曾經)「滅法」，(後)令「下地獄」(而)受極大苦，請以此「玉帛」為我作「大功德」。

—原文詳於《法苑珠林・卷九十四》，《大正藏》第五十三冊頁 978 下～979 上。和《冥報記・卷下》，

《大正藏》第五十一冊頁 696 下～797 上。因為有多處記載相同故事，所以上述文字已稍作「剪修」

整理而成。

編者按：在南北朝的<u>周武帝</u>，他生性好吃「雞蛋」，一餐要「吃好幾顆」。

時有一位「監廚官」<u>拔彪</u>常常與<u>武帝</u>一同進食，某天這位「監廚官」

忽然暴斃死亡，過了三天竟然復活。這位<u>拔彪</u>「監廚官」回憶他到了地獄的情況說：他見到閻王與周<u>武帝</u>，閻王問他一天為武帝煮多「雞蛋」吃？他說不計數！爾時閻王就叫「牛頭馬面」的那些獄卒，將武帝押上來「審問」，「獄卒」於是用「鐵梁」壓著<u>武帝</u>之身，竟在武帝的「手臂兩脅」處，生出了「雞蛋」有「十餘斛」。雞蛋究竟可食否？是否有生命？相信這段史實自有交待！

✳唐‧<u>魏州</u> 武強人<u>齊士望</u>，(於)<u>貞觀</u>二十一年死，經七日，而蘇醒，云：初死之後，被引見「閻王」，判官對(齊)<u>士望</u>曰：汝生平好燒「雞子」，宜受罪而歸。即命人送出其「門」，出城，見一城有「鼓吹之聲」，(齊)<u>士望</u>不覺即「走入」，城門即閉，其城內無任何「屋宇」，遍地皆是「熱灰」。

(齊)<u>士望</u>不知所計，(被)「熱火」燒灼其「足」，異常(的)痛苦。後(齊)<u>士望</u>四顧城門，欲令其「門開」，凡經一日，有人，命門開，遂放(齊)<u>士望</u>出。後而復蘇，不敢再輕視「雞子」(為)無命也。

—原文詳於《法苑珠林‧卷七十四》，《大正藏》第五十三冊頁 842 中。因為有多處記載相同故事，所以上述文字已稍作「剪修」整理而成。

編者按：唐朝時有人名<u>齊士望</u>，他在<u>貞觀</u>二十一年死亡，過七天而復活。說他到了地獄，判官對他說，他生平好燒「雞卵子」，應受「火

熱」其「足」的果報，繼而入一城中，四處皆熱灰，火燒其「足」，
痛苦異常。受完果報後始才復活，從此<u>土望</u>不敢再輕視「雞卵」無
生命也。

✹唐·**武德中**，遂州總管府記室「參軍」孔恪^{ㄎㄜˋ} 暴病(而)死，一日而蘇，
自說被收至「陰官府」之事。獄官問：何故復殺「雞卵」六枚？

(孔恪)曰：平生不食「雞卵」，唯憶小年，「九歲」時，(於)寒食日，母親
每與「六雞卵」煮食之。官曰：然(汝)欲「推罪」(於)母也。

(孔)**恪**^{ㄎㄜˋ} 曰：不敢！官曰：汝殺他命，當自受之，言訖，忽有「數十
人」來抓(孔)**恪**^{ㄎㄜˋ} ，將出去「受刑」，命「鞭主」司(刑打孔恪)「一百」(下)，
倏忽「鞭」訖，(孔恪便)血流濺地。

後官謂(孔)**恪**^{ㄎㄜˋ} ：汝應先「受罪」，後令汝「回陽」七日，(孔恪)可勤加
「修福、追修」。後(孔)**恪**^{ㄎㄜˋ} 即蘇(醒)，(便)大集「僧尼」行道之「懺悔法」，
精勤「苦行」。(孔恪回陽後)至第七日，(便)與家人辭決，俄而(仍然是)命終
(了)。

—原文詳於《法苑珠林·卷七十一》，《大正藏》第五十三冊頁 825 中。和《冥報記·卷下》，《大正藏》

第五十一冊頁 799 中～下。因為有多處記載相同故事，所以上述文字已稍作「剪修」整理而成。

編者按：唐時有一官名孔恪^{ㄎㄜˋ} ，一日暴死，過了一天又復活。他說他
到了陰間，獄官審問他說為何要殺雞卵六顆？剛開始孔恪^{ㄎㄜˋ} 不承

認，後來才想起他九歲時，在「寒食日」時，母親每每給他「六顆雞卵煮」食之。獄官説：你殺人家的命，當受果報。後孔恪ㄎㄜ 被獄官鞭打不下「一百次」，打的他血流滿地。之後獄官又説你可再回人間去廣修「功德」以消罪，七日後再回來「審罪」，孔恪ㄎㄜ 回人間後，精勤苦修，到「第七日」果然又告「命終」了！

✳隋・開皇初，（於）冀州外邑中有「小兒」，年十三，常盜鄰家「雞卵」，「燒煨ㄨㄟ」（燒烤火煨而）煮食之。一日有人扣其門，呼此兒聲，父即令出門應之，有一官，引兒而出，忽見道路旁有一「小城」，城門四面，門樓甚齊，此官即令小兒「入城」。

小兒一「入城」，不見一人，唯是「空城」，但地皆「熱灰、碎火」，小兒四處遊走，每到四面之任一門，門皆「緊閉」。朝時村人，（皆在）下田「採桑」，男女眾甚多，皆見「此兒」（一直留）在「田」中，大聲啼哭，四方來回（的）遊走。村人皆謂此「小兒」（中了）狂邪而不予理會。

至黃昏，小兒之「父」出村外，遙見其兒於「田中」來回遊走，即大呼其「名」，一剎那間，「城灰」忽然不見，（小兒）見其父即哭倒。

小兒之「膝」已洪爛如「炙」，「足」已血肉「燋乾」，「膝」下已遂為「枯骨」，狀極慘。

鄰里村人，競相問其緣，小兒始説出其「燒煮雞卵」（與）吞食（雞卵）之「罪報」。但當其人受「現世報」時，村人皆只見其「走處」足跡（是很）順利（的），（並）無（存在）任何（的）「城灰、熱火」之狀。

然（此）「罪人」卻正處在「地獄」受苦，此乃「罪感不同」之故。

事畢，村人男女，無論大小，皆「持齋戒」，至死（而）無虧（缺）。

—原文詳於《法苑珠林・卷六十四》，《大正藏》第五十三冊頁 772 下～773 上。和《冥報記・卷下》，

《大正藏》第五十一冊頁 797 中～下。因爲有多處記載相同故事，所以上述文字已稍作「剪修」整理

而成。

[0772c25] 隋開皇初冀州外邑中有小兒。年十三。常盜隣[29]雞卵燒煨食之。後朝村人未起。其[30]門外有人扣門呼此兒聲。父令兒出應之。見一人云。官喚汝。兒曰。[31]呼我役者。入取衣糧。使者曰。不須也。因引兒出。村南舊是桑田。耕訖未種。[1]且此小兒忽見道右有一小城。四面門樓丹素甚嚴。兒怪曰。何時有此城。使者呵之勿使言。因至城北門令小兒前入。小兒入闥。城門忽閉。不見一人。唯是空城。地皆熱灰碎火深纏沒踝。小兒忽呼[*]嗽走趣南門。垂至即閉。又走趣東西亦皆如是。未到則開。既至便闔。時村人出因探[2]桑。男女甚眾。皆見此兒在耕田中。口[3]似啼聲四方馳走。皆相謂曰。此兒狂[4]邪。且來如此。游戲不息。至日食時。採桑者皆歸。兒父問曰。見吾兒不。桑人答曰。父兒在村南走戲。喚不肯來。父出村外。遙見兒走。大呼其名。一聲便住。城灰忽然不見。見父而倒。號泣言之。視其足牛[5]脛已上血肉燋乾。其膝已下洪爛如炙。抱歸養療。髀已上肉如故。膝已下遂爲枯骨。隣里聞之競[6]問緣由。答見如前。諸人看其走處足跡通利。了無灰火。良因罪業觸處見獄。於是邑人男女無[7]簡大小。皆持齋戒至死無虧。有大德僧道慧法師。本冀州人。具爲陳說。同其隣居也。

編者按：《佛說罪業應報教化地獄經》云：「**復有眾生，常有火城中煻煨齊心四門俱開。若欲趣向門即閉之，東西馳走，不能自免為火燒盡，何罪所致？佛言：以前世時坐焚燒山澤，火煨雞子，燒他村陌，燒煮眾生身爛皮剝，故獲斯罪**」(《大正藏》第十七冊頁451中)。

上面的故事正是此經文之「現世報應」也。又何以此「小兒」在田中來回遊走，此十三歲小兒，因常盜鄰家的「雞卵」，然後「燒烤火煨」而煮來吃，竟然感召「當下」的「地獄」真實情境啊！足以說明「天堂」與「地獄」乃由個人的「業力」所感，各人的「業感」不同，所以旁人只見其小兒在「田中」走路，實則是在「地獄」中受苦報的啊。

曾有人說台中的李炳南老居士生前是主張「可以」吃蛋的，遂造成凡好吃蛋者就推咎於李老居士之說。有鑑於此，筆者特地整理了李老居士生前對吃蛋的所有開示文章。其實李老居士基本是主張「不吃蛋」的，蛋絕對不是「素品」，若萬不得已，或有病或體弱，可檢「無雄卵」之蛋吃之，但李老居士只是以「暫為通融」四字做交待，並不是鼓勵大家吃蛋，也不曾說過雞蛋是「素食」之論。奈何別有心人利用李老居士的「暫為通融」話做為其人吃蛋的檔箭牌，這與如來當初「方便」允准的

「五淨肉」一樣，怎後來「五淨肉」、「吃蛋」都會變成是「正道」說？《楞嚴經》明云：「**奈何如來滅度之後，食眾生肉，名為釋子**」？下面筆者逐一例舉李老居士之語做為澄清。期後人不再誤會李老居士是推倡「可以吃蛋」的，否則李老居士在西方恐怕是要「喊冤」了！

3 堅決不吃

問：敝人身體欠安，經醫師診斷説「早上必須食一個雞卵」。若「食卵」者，是不是犯戒？(李木泉)➔《李炳南老居士全集佛學問答類編(上)》頁 59 下。下面引書皆僅以《上編》、《中編》、《下編》簡略從之。

答：卵有「生命」，食之自是「殺生」，而且每日「必食」，何「殺」之多也！身體欠安，自有「正當之藥」，論到「補品」，更有多種「維他命丸」，可以訪求醫生診斷，斟酌採用，再中西藥品，製成之滋養丸，豈止數百種，何必定食雞卵？

編者按：李老居士已明白的説「卵是有生命」的，若吃之即造殺生罪。而且若論營養的話，「豈止數百種，何必定食卵」？

問：受菩薩戒優婆塞，吃「蛋類」，或「補酒」(少許養身用)有無犯戒？(陳慈蓉)➔《中編》頁 902 下。

答：有營養之植物甚多，「蛋類」並非最勝，何必迷信此物？酒亦如之。若身染病，「配劑」中必須此品，自可「通融」，倘借其當「長補」之品，則大可不必，食「蛋」等於「墮胎」，日日為之，安得無過也？

編者按：「食蛋等於墮胎，日日為之，安得無過」？李老居士學貫中西醫，對食物營養的理論非常清楚，故云「蛋類並非最勝，何必迷信此物」？願好吃蛋者猛醒！

問：素食者可能吃「雞蛋、牛乳」，及穿「皮袍」、著「皮鞋」否？如能，是否與「食其肉」而「寢其皮」之語有關？(鄭至善)➔《中編》頁 907 上～下。

答：素食乃為悲閔戒殺。「牛乳」非殺生所致，故可取食。餘物，「律」所不許。

編者按：李老居士只就牛乳之問而説「可取食」，而「餘物律所不許」之句，依題目來看，應該包括了吃雞蛋、穿皮袍之説，這是律所不許的，亦即蛋是不能吃的！

問：受菩薩戒優婆塞，吃「蛋類」或「補酒」，有無犯戒？(林正考)→《中編》
頁92上。

答：皆不宜用。

編者按：「皆不宜用」四字亦明確表示蛋是「不宜吃」的！

4 方便開緣

問：有人念佛求生西方，已戒殺吃素，只是「常吃雞蛋」。如根據「借問
刀兵災，何術方能免，提防三餐時，莫托冤孽碗」之偈中「孽」字，
是「無血淚哀聲」者，「雞蛋」似乎可以吃(雞卵亦無血淚哀聲)，但眾
生有「胎、卵、濕、化」四類，此「雞卵」是四類眾生之一，其說未
知誰是？誰非？(胡遠志)➔《上編》頁184上。

答：無乘「雄雞」所產之卵，內無生命，可「方便」食之。

編者按：李老居士以「方便」二字交待，非倡言吃蛋無罪、無妨！

問：「無生機」的「雞蛋」，是否能當做「長齋」吃，(因開刀七八次，常與藥
為伴，身體很虛弱的原故)還是不可以呢？(陳信吉)➔《上編》頁485下～486上。

答：「無機」之蛋，本無「生命」，代作「藥品」，並無不可。但營養之物，
須視身體缺乏何種，合與不合，應由醫生檢定，倘醫生以為「雞蛋」
無妨，方可長吃。因「蛋食」過量，能增「血管硬化」，故須檢定。
佛戒分「開、遮、持、犯」，「無機蛋」可「開方便」也。

編者按：吃蛋「過量」是有造成「血管硬化」的危險，這點是醫學常識。
李老居士文末仍云只是「方便」開緣吃！

問：「鴨蛋」也者，素耶？葷耶？前拜于紀大師兄，告以素食之人皆非
之。祈示？(王松溪)➔《下編》頁1180下～1181上。

答：「葷」字「草」頭，乃對「植物」有「臭惡」之氣者言，如「蔥、蒜、韭、
薤」等物。「腥」字「肉」傍，乃對「動物」有「血肉」者言，如「禽獸、
鱗介」等物。「非葷、非腥」名之曰「素」。「蛋」為動物之「子」，自非
「素品」，如無「被雄所乘之蛋」，內無「胚盤」，即無生命，可「方便
食」而已。

編者按：李老居士明言「蛋為動物之子，自非素品」，蛋絕對不是「素食
品」，文末亦云「方便」而已！

問：喫「雞蛋」類的東西，是否亦在「戒」之內？（劉澤中）→《中編》頁874下～875上。

答：「雞蛋」，「無雄雞」群中所產者，無生命，可「暫為通融」，否則是「殺生」也。「卵」中有「胚盤」者，是為「雄雞所乘」而產者。

編者按：李老居士仍云「暫為通融」四字，否則算是「殺生」也！大家應注意這個「暫」字，它不是永遠、一直的意思。

問：在家菩薩或居士，因幻軀孱弱，不食「肉類」，僅食「無雄雞」之「雞蛋」、「牛奶」或「鴨蛋」，能否稱為「長素」？（羅德彰）→《中編》頁888下。

答：「持戒」精嚴之人，「卵」亦不食，為其「不潔」也。若病人必需，果係「無雄乘」者，可「暫方便」。梁・武帝困臺城時曾食之。「牛奶」無殺性，向非所禁，釋尊亦食之，若是食者，可云「長素」。

編者按：卵是「不潔」的，這點李老居士很清楚，故「持戒精嚴」的人「決不吃蛋」的。試想「無雄卵」的「雞卵」乃由「母雞」其每次「經水」（俗謂排卵）所造成的，只是再加一個「殼」包裝起來罷。如果換成人類的話，那麼女人每月的「經水」再加一個「殼」將之打包，亦煮成「滷蛋、蛋炒飯」，試問有人敢吃嗎？且母雞所產的蛋是從其「下體」所生，已「不淨」亦「不潔」，故清淨修道人是「絕對不吃」的。且一顆「雞蛋」將之挖個小洞，擺上一天、二天，相信其「味」必臭，且有「腥」味，故此皆是「不潔」之因。李老居士文中亦只言「可暫方便」，仍究是「暫」也，不是永遠的、也不是常態的。

問：因病而食未與「公雞」混飼之「來亨雞蛋」，在持戒來説，可否通融？（茆茂盛）→《中編》頁924下。

答：彼蛋果無「公雞」同居者，可以通融。

編者按：文亦云「可以通融」，非鼓勵之詞也！

問：小兒持「長素」數年，弟子常用「無公雞的蛋」補其發育，可否？

(江寬玉)→《中編》頁939上。

答：此兒大佳，定有夙根，可善為教養，使其遇緣前進，欲使其身曾加營養，「無胚」雞卵，可以方便。但營養之物，實不在此。青菜、豆類、牛乳等，均極豐富，各有多種「維他命」，倘身體欠健，可請醫師檢查，缺乏何種，補養何種為宜。此答非言「無胚雞卵」不許吃，乃言「營養」不專賴此也。

編者按：問者的對像是其「小兒」，故李老居士亦言「可以方便」，不是鼓勵，但卻又強調「營養之物，實不在此」也。

問：鄙人長齋禮佛，日吃「雞蛋」一枚，或謂「可吃」，或謂「不可吃」，究竟如何？(趙蓮)→《中編》頁939下～940上。

答：居士既已「長齋」，「功德」自然無量。「雞卵」在「原則」上，不宜食之。以其雖無「血毛」，已有「神識」，仍在「殺生」之列。如為他種原因，不能斷除，可檢「無雄雞」相乘之「卵」而食，是中「無神識」，即黃上「無胚盤」者，用之無傷。

編者按：李老居士認為「原則上，不宜食之」，但如為「他種原因」，以前後文氣推，可知應是指「有病」者或「體弱」者，那麼檢「無雄卵」食之，則不在此限，這都是「方便」、「暫為通融」之說！

從以上這些開示來看，李老居士認為持戒真吃素的修道人，蛋是不能吃的。李老居士乃印光大師之皈依弟子，既師承印光，定不會大違其師之說。但筆者以為李老居士是「在家」菩薩，給了在家人的「方便食蛋」說，是可以被接受的。且綜觀李老居士之語，這種「方便食蛋」是限於「生病」的或「體弱」的，或一時難以全斷蛋食者所開的，而且李老居士一直的說這是「暫時」的一種「通融方便」。不是說健康的人、吃素修行人都一樣可「方便的」、隨便的」吃起雞卵來，這點是筆者要再三強調的。就如佛陀也為病人開方便能吃藥酒及少許肉食，這也是對「病者」所開，不是說吃素者「隨時」也可開緣吃吃肉，喝喝酒。這無疑

是破佛戒之人！

最後曾有人問難筆者說：**吃蛋與否，跟「了生死」沒有關係，故無所謂的！修道是在去貪瞋癡，修這個「心」的，不是在斤斤計較分別「雞蛋」葷素與否的問題，而且這與「往生西方」是完全不相干的事啊？**

答：是的，吃蛋如果與「了生死」沒有關係，那麼世界很多事情與「了生死」也通通沒有關係的。如該不該去「工作」上班賺錢？這與「了生死」也沒有關係！

「葷、素」與否，跟「了生死」也沒有一定的關係(如西藏剌嘛、南傳行者，皆是葷素不拘，或無吃素，一樣是在修道了生死)！

「戒婬」與否，與「了生死」也沒有一定的關係(如很多在家娶妻者，未斷婬，臨終照樣現「瑞現」往生)！

「殺生」與否，也與「了生死」無一定的關係(如殺業之家，臨終念佛或被助念，也有現瑞相或往生的)！

所以與「生死有關」的，唯一的、只會剩下是「念佛」一件事？

既然如此，大家又何必辛辛苦苦的「守齋戒」？反正「葷素」與否、「戒婬」與否、「殺生」與否，都與「生西」沒有一定關係？……等等。

其實這種「知見」是不對的！例如殺一隻「螞蟻」、殺一隻「蟑螂」與「往生西方」有關係否？若殺一隻「螞蟻」無關係「往生」大事，那「多殺」一點也應是無礙的？是故天天「吃蛋」也與「往生西方」無關係？但廣欽老和尚曾說：**貪娑婆世界一根針一枝草，都要再來輪迴**，難道貪吃一顆雞蛋就與「生死輪迴」無關？沒錯！「修道」是在「戒定慧」上用功，努力的去除「貪瞋癡」即是「修道」。

然而當您刻意貪食「一顆蛋」，不但正顯出自己的「貪吃之心」未斷；當他人勸戒不應吃蛋時，反又不高興地生出「瞋」心來，認

為他人是不懂得「真心修道」；他人是在修道上「挑骨頭」；他人是在守那種與「往生」毫無關係的「蛋戒」；又不知雞蛋是「葷物」，亦正表示自己的愚「癡」。如此一來，「吃蛋」與「修道」與「斷貪瞋癡」怎會完全是沒有關係的呢？

《菜根譚》上說：勿以「惡小」而為之；勿以「善小」而「不為」。

《法句經·卷上》云：莫輕「小惡」，以為無殃；水滴雖「微」，漸盈「大器」，凡罪充滿，從「小」積成。

修道者應甚戒之！筆者認為：既然已深信「西方淨土」，又已「吃素」受戒，已「發願」往生西方極樂世界，又信受印光大師之淨土教法，何不聽從信受印光大師之說？「戒蛋」而不吃，努力念佛，具足「信願」，則萬無一失！若仍恃己「聰明」，以為「吃蛋」與「生西」無關，那麼印祖「戒食蛋」的苦心開示，印祖於西方「若有知」的話，則必會「哀憫嘆息」的！

5 結論

這本小冊子最後筆者仍願以「客觀」之道來收尾。筆者提出：「看得到的蛋絕對不吃，看不到的蛋暫為通融」。何故？看得到的蛋如各種茶葉蛋、滷蛋、鐵蛋、蛋炒飯、蛋餅、煎蛋……等有形有質的蛋絕對不吃。

所謂「看不到」的蛋，如麵包、餅乾、各種有加入蛋粉的牛乳、麥片等等。筆者要先說明，這個說詞只是通用於「在家人」，如果是出家僧人，嚴持戒律者，或在家菩薩嚴持戒者，則筆者認為連「看不到」的蛋都不應吃、不准吃的。就如<u>印光</u>大師舉例說的「**牛奶食之無礙**」，律本上均言可吃，亦不犯戒，然而「**亦取彼脂膏，補我身體，固宜勿食**」。

所以筆者才說「看不到的」蛋可方便吃，但也不是鼓勵大家就名正言順的「大吃」，故才說「暫為通融」二字。這是表示我們無法守到絕對的清淨戒，吃了含蛋的麵包、餅乾、麥片等，只是「方便」性的開緣，應該生懺悔心，故云「暫為方便」也。

或許有人認為連有「蛋製」的「餅乾、麥片」都不應吃的，也談不上「開緣」的。基本上筆者是同意這種說法的，能守絕對的「清淨蛋」戒這是值得讚歎的，但不妨讓在家居士能有更多的「開遮」與「緩和」空間。難道當我們吃餅乾時，也須將它送入化學的「離合器」，將有蛋的部份「分離」清淨，然後再吃嗎？這樣未免也太著於「戒相」。其實認真分析起來，麵包、餅乾中加了一些「蛋粉」，不是在增加營養，也不是故意在製造吃蛋的「機會」，而是讓它在製造過程中較有「膨鬆」度，比較有「韌」性，有「彈性」，而且可以保存比較多天。且當以「蛋」去做材料時，通常是取蛋的「蛋清」部份，不是全取其「蛋黃」，一顆蛋的「蛋清」通常可以配上五顆麵包。所以就算吃了含蛋的餅乾、麵包，也只不過是「微乎其微」罷！

　　筆者再次說明，絕對沒有鼓勵大家儘量的吃「含有蛋製」的食物，只是認為「萬一」、如果「不小心」而吃了「含蛋」的各種食物，因此就冠上「破戒」、「犯戒」、「開齋」的帽子，這亦是有失於公道的！

果濱敬撰

民國八十七年(1998年)一月十五于台北

五、「食肉」與「殺生」同罪的因果探討

1 「食肉」與「殺生」同罪的經典依據

　　據《大乘入楞伽經·卷六》中云：大慧！凡殺生者多為「人食」，若人「不食」，亦無「殺事」，是故「食肉」與「殺」同罪。經典明確的說「食肉」與「殺生」是同罪的，那如果按「因果」定律來說，也許「食肉者」當受「被食」之報，「殺生者」必受「被殺」之報。「食肉」與「殺生」若是兩回事，兩者完全無關？那為何刀「兵劫」(殺生) 又必與「食肉」有關呢？為何這兩者之間一定有罪業牽連呢？儒書《呂氏春秋·當務》中曾載齊國有二勇士，一人住東郭，一人住西郭，有天相遇，沽酒共飲，結果「無肉」不能成歡，當去買肉。一人曰：你的肉就是我的肉，何須更去買肉。於是兩人就抽刀相割其肉而食，結果終卒至亡。這是古書中記載「食肉與殺生」同一之故事。如《呂氏春秋·當務》云：

> 齊之好勇者，其一人居東郭，其一人居西郭，卒然相遇於途曰：
> 「姑相飲乎？」觴數行。
> 曰：「姑求肉乎？」
> 一人曰：「子肉也，我肉也，尚胡革求肉而為？」
> 於是具染而已，因抽刀而相啖，至死而止。勇若此，不若無勇。

　　食肉者所食的「肉」，看似一塊不足為奇的「肉」，但卻不知裡頭含藏多少「怨氣與殺氣」。如《諸經要集·卷十七》云：

> 若啖眾生「父肉」，眾生亦啖「父肉」；若啖眾生「母肉」，眾生亦啖「母肉」。如是「姊兄弟妹男女」六親，並有「相對」，怨怨相讎，未可得脫！

　　清·觀如輯《蓮修必讀》中的「戒殺詩」：

宋・<u>愿雲禪師</u>
　　千百年來碗裡羹，冤深如海恨難平。
　　欲知世上刀兵劫，但聽屠門半夜聲。
所以看起來，會造成真正亡國的正是--殺生食肉。

　　我們再來看佛教的經典記載，早期《增一阿含經・卷二十六》載<u>琉璃王</u>(Virūḍhaka)之誅滅<u>釋迦</u>族。眾比丘問佛陀今此<u>釋</u>種昔日作何因緣而今為<u>琉璃王</u>所殺害？佛陀誠懇的答：「(昔日)**爾時<u>釋</u>種坐取魚食，由此因緣無數劫中入地獄中，今受此對**」。從這段經文可發現「吃魚肉」者與「被殺」究有何關係？「吃魚肉」應遭「被反吃」之報，竟遭「殺戮」？佛陀應該照我們凡夫所想的「因果定律」說：昔日的<u>釋迦</u>族必定攻打誅滅過<u>琉璃王</u>國，故今生受其「**反誅滅**」之報。然而佛卻不這麼回答，竟言是宿世<u>釋迦</u>族人「**好魚肉而食**」，故今日受「**誅滅**」之報。這個《阿含經》的真實故事，實在值得我們深思！

❶ 其次是《法句譬喻經・卷四》(Dharmapadāvadāna-sūtra)中載一長者思「**美食**」，令其妻殺「**肥雞**」食之，後佛即化一「**沙門**」與長者曰：**案上「雞」者，是卿先世時「父」，以「慳貪」故，常生「雞」中，為卿所食……「妻」者是先世時「母」，以「恩愛」深固，故今還與卿作「婦」，今卿愚癡，不識「宿命」，「殺父」養怨，以「母」為妻，五道生死，輪轉無際……愚者不知，豈不慚羞？**這段經文佛陀亦清楚的說明「人與畜牲」六道輪迴的真相，殺其「雞」即是食其「父」；也可看出「食肉」與「殺生」是有一定關係的。

❷ 《法句譬喻經・卷一》又云：**佛告諸母人，諸佛之法不以「肉食」……夫人生世所食無數，何以不作「有益之食」，而殘害「群生」以自濟活。死墮「惡道」，損而無益。人食五穀，當愍眾生「蠕動」之類，莫不「貪生」，殺彼活已，殃罪不朽，慈仁「不殺」，世世無患。**經文說諸佛之法是不以「肉為食」的，且世人所可食的物品無數，何以一定要「殘害群生」以「濟己」之活命？這段經文也點出

「食肉」與「殺生」的關係。

❸ 本緣部的《一切智光明仙人慈心因緣不食肉經》則載釋迦佛的前生是「兔」時曾以「入火捨身命」供養「法」，後仙人(即彌勒菩薩)得知即說偈曰：**寧當然身、破眼目，不忍行殺「食」眾生，寧破骨髓出頭腦，不忍「噉肉」食眾生……願我生生世世不起殺想，恆不「噉肉」，入白光明慈三昧，乃至成佛，制斷「肉戒」**。經文言「**不忍行殺食眾生**」及「**不起殺想、恒不噉肉**」之句都是「食肉」與「殺生」關係的句詞。

❹ 《大莊嚴論經‧卷二》載一化比丘勸婆羅門勿「食肉殺生」之偈曰：**汝今憐一羊，猶尚不欲殺，後若為國王，牛羊與豬豕，雞犬及野獸，殺害無有量，汝在御座上，廚宰供汝食……汝今憐一羊，方欲多「殺」害，若實有悲心，宜捨求王意**。經文言殺害「**牛羊豬豕雞犬**」而供「**食**」，亦是「殺生」與「食肉」關係之句。

❺ 《大莊嚴論經‧卷十四》又載世尊前世為「鹿王」捨肉身之事，從其文亦可看出「食肉」與「殺生」的關係，如經云：**王語鹿王，我須「鹿肉」食。鹿王答言：王若須肉，我當日日奉送一鹿，王若頓「殺」，肉必臭敗，不得停久。日取一鹿，鹿日滋多，王不乏肉**。

❻ 《大莊嚴論經‧卷十五》亦云：「**賣肉**」成「**殺生**」，「**羊、稻**」俱有命，食「**稻**」不成「**殺**」。經文直接說「**賣肉**」就是「**殺生**」，就與「**殺生**」有關係，何況「**食**」之？

❼ 《賢愚經‧卷一》載世尊往捨身餵虎時，其二兄弟報曰：**若得新殺熱「血肉」者，乃可其意**。經文亦明言「**血肉**」是從「**殺生**」而得。

從上述經典來看：食肉與殺生「毫無關係」的理論實在難以成立。而且也可看出世尊雖在《阿含》的「小乘」時確實是示現「葷食」，但從

世尊「本生因緣」故事來看，「不噉肉、不殺生」絕對是釋迦佛的本懷，亦是十方三世一切諸佛之本懷！

「殺生」與「食肉」有一定的「因果」關係，兩者並不是「各自獨立」的「罪名」，「殺生」與「食肉」決不能用「世間邏輯」方式去推斷，應該從「事實」客觀的「因果報應」及「經論」來談，佛法它畢竟是超越世俗的「第一義諦」，不能用「世間邏輯」方式將它的道理給推翻掉。我們可以再舉後期的經典，如：

① 《佛說處處經》云：**佛言：阿羅漢「不食肉」者，計畜牲，從頭至足，各自有「字」，無有「肉」名，「辟支佛」計本精，所作「不淨」，故「不食肉」。** 經文略帶諷刺的說畜牲從頭到腳，都各自有其「稱呼」、有其「名字」，並沒有「肉名」，所以理當「不食肉」。

② 《諸經要集・卷十七》云：**「肉」是斷「大慈」之種，大聖知其「殺」因，所以去「腥臊」、淨身口，噉「蔬菜」、懲心神，招慈善，感延年，故俗《禮記》云：見其生不忍其死，聞其聲不食其肉，斯亦「不殺」之義也。若使「噉食酒肉」之者，即同「畜牲」，豺狼禽獸，亦即具「殺」一切「眷屬」，食噉諸親，及讎怨報，歷劫長夜，無有窮已。** 經文明白的說「噉肉者」即是「具殺一切」的「眷屬」。

③ 《受十善戒經》云：**一切愛眼目，「愛子」亦復爾，「愛壽命」無極，是故「不殺生」，名為「梵行」最，「不殺」、無「殺想」，亦不「噉於肉」，見殺者如賊，必知墮地獄，「噉肉」者，多病。**

④ 《諸經要集・卷十七》又云：**眾生身內有「八十萬戶蟲」，若斷「一眾生命」，即斷「八十萬戶蟲命」，若炙、若煮，若淹、若暴，皆有「小蟲」，飛蛾、蠅蛆，而附近之，如是輾轉，「傍殺」無量「生命」，離不「自手而殺」，然屠者不敢「自食」，皆為「食肉」之人殺之，故知「食肉」之人，即兼有「殺業」之罪。是故「戒殺斷肉」**

是十方諸佛如來共宣的教理，亦是諸經論一致所說。

⑤除了經論證據外，再舉南齊・僧宗大師云：夫「殺」傷「大慈」，而「噉」傷「小慈」，因「小」得「大」，故「小慈」是「大慈種」也。又釋云：「果」為「大慈」，「因」為「小慈」，是則「因」慈，為「果」慈種也，今既「噉肉」，違「因地」之「慈」，故言(噉肉)斷「慈種」也。

⑥梁・寶亮大師亦云：受「不殺戒」，而今猶復「肉食」，便是自有「傷慈」之行。

佛制既然「不殺生」，那麼猶復「肉食」的話，便有傷「仁慈」之行為，所以在一切的大乘經中即嚴格的說：「殺生與食肉同罪」。如《大乘入楞伽經・卷六》明白的說：「凡殺生者，多為人食，人若不食，亦無殺事，是故食肉與殺同罪」。所以《楞嚴經》的「戒肉文」也只是在承襲前經文之說，並非《楞嚴經》「新創」殺生與食肉同罪，這是要特別澄清說明的！如果我們從《楞嚴經・卷二》上的經文來看：「世尊亦曾於楞伽山，為大慧等敷演斯義」。則《楞嚴經》的經典結集應在佛宣講《楞伽經》之後，所以《楞嚴經》的食肉與殺生同罪之說，也只是承襲《楞伽經》之說而已。《大乘入楞伽經・卷六》云：「若有癡人，謗言如來聽許食肉，亦自食者，當知是人惡業所纏，必當永墮」！

2 小乘經典的理論

在「阿含部」裡處處說「不殺生、不噉魚、不食肉」之文，雖有些是外道之語(如《長阿含經·卷八》(頁47下)、《長阿含經·卷十一》(頁66下)、《長阿含經·卷十六》(頁103下)、《佛說尼拘陀梵志經·卷上》(頁223中)、《中阿含經·卷四》(頁441下)、《中阿含經·卷二十六》(頁592中))，但也不乏是佛教之語。如：

① 《般泥洹經·卷下》之大臣發願云：**從今日始，身自歸佛、自歸道法、自歸聖眾，受清信戒，身不殺、不妄取、不婬佚、不欺偽、不飲酒、不噉肉。**

② 《佛開解梵志阿颰經經》云沙門之戒有「二百五十」，終身清淨，不能中道而廢，其中一條就是：**沙門不得飲酒、嗜肉，思嘗氣味，不得服藥酒，及詣酒家。**

③ 《增一阿含經·卷三十六》則詳細說「殺生之過」，云：**諸有眾生好喜「殺生」，便生「黑繩」地獄中。其有眾生屠殺「牛、羊」及種種類，命終之後生「等害」地獄中……**等等。

④ 在《央掘魔羅經·卷三》佛則嚴厲的說：**我於無量「阿僧祇劫」恆河沙生，捨離一切「魚肉」美食，亦教眾生令「捨離」故。**

⑤ 《央掘魔羅經·卷四》又云：<u>文殊師利</u>白佛言：世尊！因「如來藏」故，諸佛「不食肉」耶？佛言：如是。一切眾生，無始生死，生生輪轉，無非「父母、兄弟、姊妹」，猶如伎兒，變易無常，(無論是)「自肉」(與)「他肉」，則是(平等)「一肉」，是故諸佛悉「不食肉」。復次，<u>文殊師利</u>！一切「眾生界、我界」即是「一界」，「所宅之肉」即是(平等)「一肉」，是故諸佛悉「不食肉」……<u>文殊師利</u>白佛言：世尊！(於)世間久來，亦(已)自立「不食肉」。佛告<u>文殊師利</u>：若世間有(願意)「隨順佛語」者，當知(亦)皆是「佛語。<u>文殊師利</u>白佛言：世

尊！「世間」亦說有「解脫」，然彼「解脫」(並)非(是真正的)「解脫」，唯「佛法」(才)是(真正的)解脫；亦有「出家」而非(為是真正的)「出家」，唯有「佛法」(才)是(真正的)出家……唯(於)「世尊」法中，有我(而)決定(是)「不食肉」(的)。

⑥在《賢愚經・卷四》世尊即制戒云：**比丘諸「不淨肉」，皆不應食。若見聞疑，「三不淨肉」，亦不應食，如是分別，應「不應食」，時「優婆夷」聞佛世尊，正由我故，制諸比丘「不得食肉」**……等等諸經文。

這些都是小乘經典中有關於「**不食魚肉**」的記載，這些經文與後期大乘經典強調「素食」的義理是完全一樣的。

「乞食」可說是十方諸佛的教法之一，但於末法的今天，除了泰國、緬甸南傳等佛教國家外，中國及台灣幾乎已見不到「乞食」的比丘、比丘眾等。既然不再「乞食」；就得改奉行佛陀在大乘經上的教誨--奉行「純素食」主義。雖然南傳「乞食」的佛教國家仍舊維持「**不揀葷素**」的傳統，能嚴持「佛制」而「乞食」，那麼「**不揀葷素**」當然會是「必然」的行為。但若不能實行「乞食」，做不到佛要求「乞食」時所應履行的「條件」者，則應該要嚴持「**清淨齋戒**」的，尤其是「自己」煮、「自己」選，餐聽、飯店、自助餐、歐式素食……絕不缺乏的台灣，更應該執行「齋戒」。以「**清淨齋戒**」為師，堅決奉行純素食主義。

連諸多「小乘」法師也是主張「素食」主義的，如：

❶翻譯《雜阿含經》的劉宋・求那跋陀羅(394～468 Guṇabhadra)自幼以來皆「**蔬食終身**」的(《高僧傳・卷三》，《大正藏》第五十冊頁345上)。

❷隋・那連提黎耶舍(490～589 Narendrayaśas)是「**勸持六齋・羊料放生，受行素食**」(《續高僧傳・卷二》，《大正藏》第五十冊頁432下)。

❸東晉小乘高僧支道林(314～366)亦是「**蔬食終身**」(高僧傳・卷四》，《大正藏》

第五十冊頁 349 下）。

❹晉・竺僧朗(又稱竺法朗)是「**常蔬食布衣**」(《高僧傳・卷五》,《大正藏》第五十冊頁 354 中）。

❺東晉・竺僧顯是「**蔬食誦經業禪為務**」(《高僧傳・卷十一》,《大正藏》第五十冊頁 395 中）。

❻支曇蘭是「**蔬食樂禪**」(《高僧傳・卷十一》,《大正藏》第五十冊頁 396 下）。

❼支曇籥是「**少出家清苦蔬食**」(《高僧傳・卷十三》,《大正藏》第五十冊頁 423 下）。

❽甚至北宋・天竺沙門覺稱云:**吾國**(指天竺)**食肉五辛者,驅出城外,故國中為貨此……西竺舉國不食肉**(詳於《佛祖統紀・卷三十三》頁 323 中、《佛祖統紀・卷四十四》頁 403 上、《釋氏稽古略・卷四》頁 863 中。以上皆見《大正藏》第四十九冊》)」……等。

筆者以為:一位大慈大悲的修行者,嘴巴所食都是眾生的「血肉」,不離雞鴨魚肉,成天與雞鴨魚肉會和「三次」(吃三餐),即與畜牲「結肉緣」三次,讓自己的「胃中」成為畜牲的「墳場」。這樣的食法能不離「畜牲」的「業報輪迴」嗎?這就像「食物鏈」一樣,獅子、老虎吃人,而人亦吃獅肉、虎肉,相殺、相食,這樣是離不開畜牲的六道輪迴。

③南朝梁武帝撰「斷酒肉文」

中國是大乘佛教國家，沒有實行「南傳」小乘國家的「乞食」制，所以對食物即嚴格要求「純素食」，此乃從南朝梁武帝 蕭衍（464~549 年）於天監十年（公元 511 年）撰寫的「**斷酒肉文**」開始（詳於《廣弘明集・卷二十六》，《大正藏》第五十二冊頁 294 中~298 下）。經文非常動人，試節錄其「**吃肉是九不及外道**」之說（詳於《大正藏》第五十二冊頁 294 下~295 上）：

> 凡出家人，所以異於「外道」者，正以信因、信果、信經。所明「信」是佛說經言，行「十惡」者，受於惡報，行「十善」者，受於善報，此是經教大意。如是若言，出家人猶嗜「飲酒」、噉食「魚肉」，是則為行同於「外道」，而復不及。何謂同於外道？外道執「斷、常」見，無因、無果、無施、無報，今佛弟子，酣酒、嗜肉，不畏「罪因」、不畏「苦果」，即是不信「因」、不信「果」，與「無施、無報」者，復何以異？此事與「外道」見同，而有不及外道……

❶《涅槃經》言：迦葉！我今日制諸弟子，不得食一切肉。而今出家人猶自「噉肉」，戒律言：飲酒犯「波夜提」，猶自「飲酒」，無所疑難，此事違於「師教」，一不及外道。

❷外道雖復邪僻，持「牛狗戒」，既受戒已，後必「不犯」。今出家人既「受戒」已，輕於「毀犯」，是二不及外道。

❸外道雖復「五熱炙身」，投淵赴火，窮諸「苦行」，未必皆「噉食」眾生。今出家人噉食「魚肉」，是三不及外道。

❹外道行其「異學」，雖「不當」理，各習師法，無有「覆藏」。今出家人噉食「魚肉」，於所親者，乃自「和光」，於所疏者，則有「隱避」。如是為行，四不及外道。

❺外道各宗所執，各重其法，乃自高聲，大唱云：不如我道「真」，於諸異人，無所忌憚。今出家人，或復年時已長，或復「素」為物宗，噉食「魚肉」，極自艱難。或避「弟子」、或避「同學」、或避「白衣」、或避「寺官」。懷挾邪志，崎嶇「覆藏」，然後方得一過「噉食」，如此為行，五不及外道。

❻外道「直情」逕行，能長己徒「眾惡」，不能長異「部惡」，今出家人噉食「魚肉」，或為「白衣弟子」之所聞見，內無「慚愧」，方飾「邪說」云：佛教為法，本存「遠因」，在於「即日」未皆悉斷，以錢「買肉」，非己「自殺」，此亦「非嫌」，「白衣」愚癡，聞是僧說，謂「真實語」，便復信受。自行「不善」，增廣諸惡，是則六不及外道。

❼外道雖復「非法」說「法」，「法」說「非法」，各信「經書」，死不違背。今出家人，噉食「魚肉」，或云「肉」非「己殺」，猶自得噉，以錢買肉，亦復非嫌，如是說者，是事不然。《涅槃經》云：一切肉「悉斷」，及「自死」者，「自死」者猶斷，何況「不自死」者？《楞伽經》云：為利殺眾生，以財網「諸肉」，二業俱不善死，墮「叫呼」獄，何謂以財網肉，陸設「置罘」、水設「網罟」，此是以網「網肉」。若於屠殺人間，以錢「買肉」，此是以財「網肉」，若令此人，不以財「網肉」者，習惡律儀，捕害眾生，此人為當專自供口，亦復別有所擬；若別有所擬，向「食肉」者，豈無殺分？何得云「我不殺生」，此是灼然「違背經文」，是則七不及外道。

❽外道同其法者「和合」，異其法者「苦治」，令行禁止，莫不率從。今出家人或為「師長」，或為「寺官」，自開「酒禁」，噉食「魚肉」，不復能得施其「教戒」，裁欲發言，他即譏刺云：師向亦爾，「寺官」亦爾，心懷內熱，默然低頭，面赤汗出，不復得言，身既有瑕，不能伏物，便復摩何，直爾止住，所以在寺者「乖違」，受道者「放逸」，此是八不及外道。

❾外道「受人施」，與如「己法」。受「烏戒」人，受「烏戒」施。受「鹿戒」人，受「鹿戒」施。「烏戒」人，終不「覆戒」。受「鹿戒」施，「鹿戒」人，終不「覆戒」，受「烏戒」施。

今出家人云：我能精進、我能苦行，一時覆相，誑諸「白衣」，出即「飲酒」，開眾惡門，入即「噉肉」，集眾苦本，此是九不及外道。

4 關於吃肉超渡肉的省思

根據梁・僧伽婆羅譯的《文殊師利問經・卷一・菩薩戒品》中，的確有「吃肉前」要先誦的「咒語」，但這不是指誦了這個咒語就能「超渡」肉的意思。經文明確的指出：

❶ 若為「自己而殺」的肉，則不得噉。

❷ 只有「已經腐爛的肉」，如「材木」般的肉，才可以噉，但需要先誦「咒語」三遍。

梁・僧伽婆羅譯《文殊師利問經》卷 1〈菩薩戒品 2〉

(1)「呪」三說（咒應誦唸三遍），乃得「噉肉」（可以吃的肉是有「條件」的，如下面經文所說）……若為「己殺」（自己而殺的肉），（則）不得噉。若「肉」如「材木」、已自「腐爛」，欲食（則）得食。文殊師利！若欲噉肉（此指「已經腐爛的肉」，如「材木」般的肉）者，當說此呪：

　　多姪呭（此言如是）　阿捺摩阿捺摩（此言無我無我）　阿視婆多阿視婆多（此言無壽命無壽命）　那舍那舍（此言失失）　陀呵陀呵（此言燒燒）　婆弗婆弗（此言破破）　僧柯慄多弸（此言有為）　莎呵（此言除殺去）

(2)（應稱誦唸）此呪「三說」，乃得「噉肉」（此指「已經腐爛的肉」，如「材木」般的肉）……

(3)佛復告文殊師利：以眾生無「慈悲」力，懷「殺害」意，為此因緣故斷「食肉」……如是，文殊師利！若眾生有「殺害心」，為彼心故，當生無數「罪過」，是故我「斷肉」……不得噉「蒜」，若有（生病的）「因緣」（則）得（以）噉（蒜），若（需要和）合「藥」（來）「治病」則得用（蒜）……

(4)（亦）不得「飲酒」，若（要需要）合「藥」，（由）醫師所說（的方式以）「多藥」相和（用），（則可採）「少酒」（加上）「多藥」，（亦）得用（之）。

所以到底存在「吃肉前」先加持「咒語」，就能順便把「肉」超渡成功的事嗎？

首先要申明，我們絕對相信佛法裡面可能有這種「不可思議」的行法＆咒法，但是真正能修此法的人，可能不會是你、我這種根器的人……吧？

也許您還堅持的認為：人人本具「佛性」，聖人與凡人平等，聖人既可修如此「不可思議」的法，我輩凡夫如何就不能修此法？且看下面的分析。

1 吃肉唸咒超渡。既然「咒力」神威不可測，那為何一定要「入肚」才能超渡它？難道對著它唸咒或「灑咒水」，就不能超渡它嗎？

2 一定要「入肚」才能渡，那請問「死老鼠、死蟑螂、死胎兒」，將它們煮一煮，加點「沙茶醬、高湯」，再請你「入肚」，然後「唸咒超渡」它們吧？

3 諸佛菩薩要超渡眾生，從不聞吃進「肚內」方可「超渡」之法。難道我們去買一隻「薰雞」，然後再供養給<u>觀音</u>菩薩，請<u>觀音</u>菩薩唸咒「吃」了它，就可超渡，有這樣的方法嗎？

4 西藏高原修道人吃肉渡肉，那是不得已的方便(礙於環境因素)。而我們台灣的修道人學密宗(飲食環境非常好)，然後大魚大肉，煎、煮、炒、炸……高湯，樣樣來，如此的貪圖口腹之欲，何時能渡它們？

5 吾人整個肚子都是雞鴨魚肉的「墳場」，滿肚子都是畜生、禽獸……，可謂「人」性少，而「獸」性多，如此又如何能成佛？

6 唸咒超渡肉，請問眼前這塊肉從何來？它的前世？來世將又被你「超」到何處？堅持吃肉「超渡」肉者，您是否有此「聖境」，可以得知此肉的「三世因果」呢？

7 古來聖者，如濟顛禪師(道濟禪師)，吃鴿子，吐出來是活鴿子。吃魚，吐出來是活魚，這才有本事吃肉「超渡」肉。不過，這種聖者我們現在是看不到了！眾生福薄，得睹聖人極難啊！

8 學佛了生死，若不戒殺，斷掉與「畜生」之緣，這樣是永無解脫之日的。廣欽老和尚說：貪著娑婆的一針一草，就得要來輪迴。何況我們貪著的是諸畜生、諸眾生的「血肉」啊！

9 廣欽老和尚、宣化上人、虛雲老和尚……等聖僧，“應該”都是能吃肉且能超渡肉的聖者，那為何他們不「示現」吃肉？難道他們不知道以「吃肉的方式」能「快速」讓眾生獲得解脫嗎？

10 台灣的密教徒學密宗，往往吃肉，與西藏密宗吃肉差之甚遠。西藏那邊，個個生活清苦，雖吃肉，卻吃得清淡些。那像台灣，什麼「煎煮炒炸、山珍海味」的「肉」都有，這樣的吃「相」能成就解脫嗎？

11 既然吃肉唸咒能渡它們，難道渡它們的方式只能用「吃」這一法？沒有別的嗎？不能唸經、唸咒迴向給它們？難道採取唸經、唸咒、唸佛的方式，效果不大嗎？佛法一定要以這種「吃相」來超渡眾生乎？沒有別的更好的方法了嗎？

12 吃肉超渡肉，那吃人超渡人囉？還是要吃廁所的蛆蟲，然後超渡它們？佛法是同體大悲的，難道「蛆蟲、老鼠、蟑螂」不值得我們超渡它們？

13 靜下心來想想，佛法有很多門，一定要堅持用這種「吃」的方式渡眾生嗎？何況一個人的肚子有限，你只能吞那幾口肉，只能渡微薄的眾生。為什麼不去做慈濟渡眾生？不去講經說法渡眾生？不修六度萬行度眾生？一定要採取「口腹之欲」的渡眾生方式？

14真正的超渡是將自己內心的「貪、瞋、癡、慢、疑、惡見」這些 "眾

生" 先超渡起，它們才是最需要 "超渡" 的對象。把內心貪圖「口腹

之欲」的 "眾生" 先渡了它，再談吃肉超渡肉的神祕力量吧！

佛陀在《楞伽經》中提出十八個修行人一定要吃素的理由

劉宋・求那跋陀羅 (Guṇabhadra。394～468) 譯《楞伽阿跋多羅寶經》
　卷 4〈一切佛語心品〉

佛告大慧：有無量(之罪過)「因緣」，(故修行人)不應「食肉」，然我今當為汝

「略説」(其義)。謂：

1. 一切眾生，從本已來，(互相)「展轉」(的)因緣，(皆)嘗為(自己的)「六親」

(之一)，以「親」(人之)想故，(故修行人)不應食肉。

2. (有關在市場出現的)「驢騾(騾子是母馬和公驢的「混血兒」叫「騾」；若公馬與母驢和的「混血兒」

則叫「驢騾」。騾子是「混血兒」，但無法再產生「後代」。因爲公騾沒有成熟的精子，母騾雖有卵細胞，

但沒有「助孕素」，所以騾子都是不能再生出騾子來的)、駱駝、狐、狗、牛、馬、人、獸」

等肉。(此皆爲)屠(殺眾生)者，(將具有)雜(穢的眾生肉販)賣(出去)，故(修行人)不應

食肉。

3. (所有的「眾生肉」都是由)不淨「氣分」所生長，故(修行人)不應食肉。

4. 眾生(若)聞(食肉者身上之肉)氣(味)，悉(皆)生恐怖(心)，如「旃陀羅」(caṇḍāla

屬最下級之種族，專事獄卒、販賣、屠宰、漁獵等職)及「譚婆」(ḍomba屠家；屠兒。古印度稱食

狗肉人爲「譚婆」，也可稱爲「獵師」。《大乘集菩薩學論》云：生「旃陀羅」，或「獵師」屠膾，生羅刹女

中「食肉」諸種類)等，狗見(之即生)憎惡(心)，驚怖(而)群吠，故(修行人)不應食

肉。

5. (食肉)又令修行者(之)「慈心」不生，故(修行人)不應食肉。

6. 凡愚所嗜(之肉皆)「臭穢」不淨，(食肉將導致)無「善名稱」，故(修行人)不應

食肉。

7. (食肉者將)令諸「咒術」不(獲)成就，故(修行人)不應食肉。

8. (食肉者將)以(成爲)「殺生」者，(彼等若)見(眾生肉的)形(色即生)起識(心之貪想)，

(更增)深(於肉)味(而生執)著故，(所以修行人)不應食肉。

9. 彼食肉者，(將爲)「諸天」(之)所棄，故不令(修行人去)食肉。

10. (食肉將)令「口氣」臭故，(修行人)不應食肉。

11. (食肉將導致)多「惡夢」故，(修行人)不應食肉。

12. (食肉者若處於)空間(樹)林中(時)，虎狼(將)聞(其身上有肉)香(所以會追嗜你)，故(修行人)不應食肉。

13. (食肉者將)令飲食無(有)節(制而大吃大喝)，故(修行人)不應食肉。

14. (食肉者將)令修行者，(從此更)不(能於肉食中)生厭離(心)，故(修行人)不應食肉。

15. 我嘗説言：(修行人於)凡所飲食(之時)，(應)作「食子肉想」(就像在吃自己兒子肉般的有罪惡感)，(應)作「服藥想」(就像在服毒藥般的有恐懼感)，故(修行人)不應食肉。

(若有)聽(許其)食肉者，(此乃)無有是處！

16. 復次大慧！過去有王名師子蘇陀娑(Siṃha-saudāsa)，(此王貪)食種種肉，遂至食人(肉)。臣民不堪，即便謀反(叛變)，(砍)斷其(國王之)奉祿(奉古通「俸」→薪俸利祿)。以食肉者，有如是過(患)，故(修行人)不應食肉。

17. 復次大慧！凡諸(好)殺(生)者，(皆)為(謀求)「財利」，故(去)殺生(害命而)屠販(這些眾生命)。彼諸愚癡(的殺生者)，(爲了想)食肉(的)眾生，以(爲了賺取金)錢(而)為網(羅眾生)，而(爲)捕(捉)諸(眾生)肉。彼(好)殺生者，若以「財物」、若以「鉤網」，取彼「空行、水、陸」(的)眾生，(以)種種「殺害」(而)屠(害)販(賣)求(取財)利。大慧！亦無「不教、不求、不想」，而(便自然會)有魚肉(可吃的事情)！

(沒有「不去教令他人就能自然取得魚肉」者。沒有「自己不主動去求取魚肉」者。沒有「自己不想去吃魚肉」者。自然就能獲得魚肉來吃的。也就是一位想吃魚肉者：①必定要教令他人而去取得這些魚肉。②必定是自己主動想去求取魚肉的。③必定是自己想吃魚肉的)

以是義故，(修行人)不應食肉。

18. 大慧！我有(於最終)時説：(應該)遮(禁)「五種肉」，或(全)制(禁)「十種」(肉都不可食。「十種肉」是佛陀自始自終都是禁止食肉的肉)。今於此(《楞伽》)經(中)，(於)一切(的)種(類)、於一切(的)時(機因緣下)，(我已完全)開除(以前曾經有允許過「三淨肉、五淨肉、九淨肉」的所有)方便，一切悉(皆禁)斷(諸肉)。

大慧！如來應供、等正覺，尚無(飲食之)所食；(更何)況(會去)食魚肉(嗎)？(如來)亦不教人(食魚肉)，(如來)以「大悲」(爲)前行故，視一切眾生猶如(自己親生的)「一子」。是故(如來最終是)不聽(許而)令(僧人可)食(如同自己的一)「子肉」。

果濱佛學專長

一、佛典生命科學。二、佛典臨終與中陰學。

三、梵咒修持學(含《蘇婆呼童子請問經》)。四、《楞伽經》學。

五、《維摩經》學。

六、般若學(《金剛經》+《大般若經》+《文殊師利所說般若波羅蜜經》)。

七、十方淨土學。八、佛典兩性哲學。九、佛典宇宙天文學。

十、中觀學(中論二十七品)。十一、唯識學(唯識三十頌+《成唯識論》)。

十二、《楞嚴經》學。十三、唯識腦科學。

十四、敦博本《六祖壇經》學。十五、佛典與科學。

十六、《法華經》學。十七、佛典人文思想。

十八、《華嚴經》科學。十九、唯識双密學(《解深密經+密嚴經》)。

二十、佛典數位教材電腦。

二十一、中觀修持學(佛經的緣起論+《持世經》)。

二十二、《般舟三昧經》學。二十三、如來藏學(《如來藏經+勝鬘經》)。

二十四、《悲華經》學。二十五、佛典因果學。

二十六、《往生論註》。二十七、《無量壽經》學。

二十八、《佛說觀無量壽佛經》。二十九、《思益梵天所問經》學。

三十、《涅槃經》學。三十一、三部《華嚴經》。

三十二、穢跡金剛法經論導讀。

果濱其餘著作一覽表

一、《大佛頂首楞嚴王神咒・分類整理》(國語)。**1994** 年 **10** 月 **15** 日編畢。**1996**年**8**月印行。大乘精舍印經會發行。書籍編號 C-202。紙本結緣書，有 pdf 電子書。字數：5243

二、《生死關初篇》。**1996** 年 **9** 月初版。1997 年 **5** 月再版。�֎ISBN：957-98702-5-X。大乘精舍印經會發行。紙本結緣書，有 pdf 電子書。書籍編號 C-207。與 C-095。字數：28396

《生死關全集》。**1998**年**1**月修訂版。和裕出版社發行。�֎ISBN：957-8921-51-9。字數：110877

三、《雞蛋葷素說》(同《修行先從不吃蛋做起》一書)。**1998** 年 **4** 月初版，2001 年 **3** 月再版。大乘精舍印經會發行。紙本結緣書，有 pdf 電子書。✖ISBN：957-8389-12-4。字數：9892

四、《楞嚴經聖賢錄》(上下冊)[停售]。**2007** 年 **8** 月及 **2012** 年 **8** 月。萬卷樓圖書股份有限公司發行。✖ISBN：978-957-739-601-3(上冊)。✖ISBN：978-957-739-765-2(下冊)。

《楞嚴經聖賢錄(合訂版)》。**2013** 年 **12** 月初版。萬卷樓圖書股份有限公司發行。✖ISBN：978-957-739-825-3。字數：262685

五、《《楞嚴經》傳譯及其真偽辯證之研究》。**2009** 年 **8** 月。萬卷樓圖書股份有限公司發行。✖ISBN：978-957-739-659-4。字數：352094

六、《果濱學術論文集(一)》。**2010** 年 **9** 月。萬卷樓圖書股份有限公司發行。✖ISBN：978-957-739-688-4。字數：136280

七、《淨土聖賢錄・五編(合訂本)》。**2011** 年 **7** 月。萬卷樓圖書股份有限公司發行。✖ISBN：978-957-739-714-0。字數：187172

八、《穢跡金剛法全集(增訂本)》[停售]。**2012** 年 **8** 月。萬卷樓圖書股份有限公司發行。✖ISBN：978-986-478-853-8。字數：139706

《穢跡金剛法全集(全彩本)》。**2023** 年 **6** 月。萬卷樓圖書股份有限公司發行。➔ISBN：978-957-739-766-9。字數：295504

九、《漢譯《法華經》三種譯本比對暨研究(全彩本)》。**2013** 年 **9** 月初版。萬卷樓圖書股份有限公司發行。✖ISBN：978-957-739-816-1。字數：525234

十、《漢傳佛典「中陰身」之研究》。**2014** 年 **2** 月初版。萬卷樓圖書股份有限公司發行。✖ISBN：978-957-739-851-2。字數：119078

十一、《《華嚴經》與哲學科學會通之研究》。**2014** 年 **2** 月初版。萬卷樓圖書股份有限公司發行。✖ISBN：978-957-739-852-9。字數：151878

十二、《《楞嚴經》大勢至菩薩「念佛圓通章」釋疑之研究》。**2014** 年 **2** 月初版。萬卷樓圖書股份有限公司發行。**ISBN：978-957-739-857-4**。字數：111287

十三、《唐密三大咒・梵語發音羅馬拼音課誦版》。**2015** 年 **3** 月。萬卷樓圖書股份有限公司發行。**ISBN：978-957-739-925-0**。〈260 x 135 mm〉規格[活頁裝] 字數：37423

十四、《袖珍型《房山石經》版梵音「楞嚴咒」暨《金剛經》課誦》。**2015** 年 **4** 月。萬卷樓圖書股份有限公司發行。**ISBN：978-957-739-934-2**。〈140 x 100 mm〉規格[活頁裝] 字數：17039

十五、《袖珍型《房山石經》版梵音「千句大悲咒」暨「大隨求咒」課誦》。**2015** 年 **4** 月。萬卷樓圖書股份有限公司發行。**ISBN：978-957-739-938-0**。〈140 x 100 mm〉規格[活頁裝] 字數：11635

十六、《《楞嚴經》原文暨白話語譯之研究(全彩版)》[不分售]。**2016** 年 **6** 月。萬卷樓圖書股份有限公司發行。**ISBN：978-986-478-008-2**。字數：620681

十七、《《楞嚴經》圖表暨註解之研究(全彩版)》[不分售]。**2016** 年 **6** 月。萬卷樓圖書股份有限公司發行。**ISBN：978-986-478-009-9**。字數：412988

十八、《《楞嚴經》白話語譯詳解(無經文版)-附:從《楞嚴經》中探討世界相續的科學觀》。**2016** 年 **6** 月。萬卷樓圖書股份有限公司發行。**ISBN：978-986-478-007-5**。字數：445135

十九、《《楞嚴經》五十陰魔原文暨白話語譯之研究(全彩版)》-附:《楞嚴經》想陰十魔之研究。**2016** 年 **6** 月。萬卷樓圖書股份有限公司發行。**ISBN：978-986-478-010-5**。字數：183377

二十、《《持世經》二種譯本比對暨研究(全彩版)》。**2016** 年 **6** 月。萬卷樓圖書股份有限公司發行。**ISBN：978-986-478-006-8**。字數：127438

二十一、《袖珍型《佛說無常經》課誦本暨「臨終開示」(全彩版)》。**2017** 年 **8** 月。萬卷樓圖書股份有限公司發行。**ISBN：978-986-478-111-9**。〈140 x 100 mm〉規格[活頁裝] 字數：16645

二十二、《漢譯《維摩詰經》四種譯本比對暨研究(全彩版)》。**2018** 年 **1** 月。萬卷樓圖書股份有限公司發行。**ISBN：978-986-478-129-4**。字數：553027

二十三、《敦博本與宗寶本《六祖壇經》比對暨研究(全彩版)》。**2018** 年 **1** 月。萬卷樓圖書股份有限公司發行。**ISBN：978-986-478-130-0**。字數：366536

二十四、《果濱學術論文集(二)》。**2018** 年 1 月。萬卷樓圖書股份有限公司發行。✳ISBN：978-986-478-131-7。字數：121231

二十五、《從佛典中探討超薦亡靈與魂魄之研究》。**2018** 年 1 月。萬卷樓圖書股份有限公司發行。✳ISBN：978-986-478-132-4。字數：161623

二十六、《欽因老和上年譜略傳》。紙本結緣書，有pdf電子書。**2018年** 3 月。新北樹林區福慧寺發行。字數：9604

二十七、《《悲華經》兩種譯本比對暨研究(全彩版)》。**2019** 年 9 月。萬卷樓圖書股份有限公司發行。✳ISBN：978-986-478-310-6。字數：475493

二十八、《《悲華經》釋迦佛五百大願解析(全彩版)》。**2019** 年 9 月。萬卷樓圖書股份有限公司發行。✳ISBN：978-986-478-311-3。字數：83434

二十九、《往生論註》與佛經論典之研究(全彩版)》。**2019** 年 9 月。萬卷樓圖書股份有限公司發行。✳ISBN：978-986-478-313-7。字數：300034

三十、《思益梵天所問經》三種譯本比對暨研究(全彩版)》。**2020** 年 2 月。萬卷樓圖書股份有限公司發行。✳ISBN：978-986-478-344-1。字數：368097

三十一、《蘇婆呼童子請問經》三種譯本比對暨研究(全彩版)》。**2020** 年 8 月。萬卷樓圖書股份有限公司發行。✳ISBN：978-986-478-376-2。字數：224297

三十二、《悉曇梵字七十七字母釋義之研究(含華嚴四十二字母)全彩版》。**2023** 年 7 月。萬卷樓圖書股份有限公司發行。✳ISBN：978-986-478-866-8。字數：234593

三十三、《毘首羯磨菩薩與雕刻佛像之研究(全彩版)》。**2023** 年 9 月。萬卷樓圖書股份有限公司發行。✳ISBN：978-986-478-879-8。字數：86466

三十四、《楞伽經》三種譯本比對暨研究(全彩版)》。**2023** 年 9 月。萬卷樓圖書股份有限公司發行。✳ISBN：978-986-478-961-0。字數：764147

三十五、《楞伽經》中〈遮食肉品〉素食之研究(全彩版)》。**2023** 年 9 月。萬卷樓圖書股份有限公司發行。✳ISBN：978-986-478-964-1。字數：103247

*三十五本書，總字數為 8019800，即 801 萬 9800 字

國家圖書館出版品預行編目(CIP)資料

《楞伽經》中〈遮食肉品〉素食之研究/果濱編撰. -- 初版. -- 臺北市：萬卷樓圖書股
份有限公司, 2023.09
　面；　公分
全彩版
ISBN 978-986-478-964-1(精裝)

1.CST: 經集部 2.CST: 素食

221.751　　　　　　　　　　　　　　　　　　　　　　　　　　　　　11201535

ISBN　978-986-478-964-1

《楞伽經》中〈遮食肉品〉素食之研究(全彩版)

2023 年 9 月初版　　　　　　　　　　　　　　　　　訂價：新台幣 300 元

編 著 者：果濱
發 行 人：林慶彰
出 版 者：萬卷樓圖書股份有限公司
編輯部地址：106 臺北市羅斯福路二段 41 號 9 樓之 4
電話：02-23216565
傳真：02-23218698
E-mail：service@wanjuan.com.tw
　　　　booksnet@ms39.hinet.net
萬卷樓網路書店：http://www.wanjuan.com.tw
發行所地址：10643 臺北市羅斯福路二段 41 號 6 樓之 3
電話：02-23216565
傳真：02-23944113
劃撥帳號：15624015
微信 ID：ziyun87619　支付宝付款
款項匯款後，煩請跟服務專員連繫，確認出貨事宜
服務專員：白麗雯，電話：02-23216565 分機 610
承印廠商：中茂分色製版印刷事業股份有限公司
◎版權所有　翻印必究◎
新聞局出版事業登記證局版臺業字第 5655 號
(如有缺頁、破損、倒裝，請寄回本公司更換，謝謝)